U0071555

思想觀念的帶動者
文化現象的觀察者
本土經驗的整理者
生命故事的關懷者

{ PsychoAlchemy }

啟程，踏上屬於自己的英雄之旅
外在風景的迷離，內在視野的印記
回眸之間，哲學與心理學迎面碰撞
一次自我與心靈的深層交鋒

Pratica dell'Immaginazione Attiva:
Dialogare con l'inconscio e vivere meglio

積極想像
與無意識對話，活得更自在

瑪塔・提巴迪（Marta Tibaldi）——著

倪安宇——譯

給羅貝托

積極想像 —————————————————————— | 目次 |
與無意識對話，活得更自在
Pratica dell'Immaginazione Attiva:
Dialogare con l'inconscio e vivere meglio

與無意識對話，
獲得對生命更深的洞察

　　極積想像方法協助案主在意識中浮現內在無意識的真實，進而得到對生命更深的洞察。書中記錄許多極積想像的案例，對台灣讀者而言彌足珍貴。

　　我不禁思索：若在想像過程中，一朵小花願意向我述說立身於紅塵而生的靜謐智慧，我能否接收得到？

　　又，當我聽見身體某個部位透過不適傳達而來的話語，我能否誠心地傾聽接納？

　　　　　　　　　　——洪素珍（台北教育大學心理與諮商學系副教授）

積極面對無意識意象

我很高興能為《積極想像：與無意識對話，活得更自在》中文版寫序。這本書於二〇一〇年在義大利初版問世，今天中文版讓我有機會回頭重新省視這個文本。在義大利出版當時恰逢十分特別的時空環境，一是二〇〇九年榮格過世五十周年，二是二〇一〇年《紅書》在義大利出版。這兩件事再度引起大家對心理分析的興趣，其中以積極想像方法尤其受到矚目。

而且從本書義大利文版出版到中文版與讀者相見這幾年間，我參加了不計其數的活動，其中包括在香港國際分析心理學會（HKIAP）擔任計畫主持人、講師和督導員，在國際分析心理學會（IAAP）的台灣心理治療學會（TIP）擔任應用分析師。因為這些職務，我得以定期且持續地與往往和西方大不相同的人、文化及社會面向對照，發展出心理分析的跨文化觀點。[1]

就心理分析的跨文化角度出發，我注意到，華人學員傾向從實務而非理論去探討心靈，因為與西方不同的是，在知識這條路上東方偏重歸納多於演繹。除了思維模式不同，需

要在相對較短的時間內掌握專業工具，以處理個人和社會的心理不安，也是原因之一。在這個情況下西方講師必須視當地實際情況，在對中華文化的特殊性及特質有所理解的條件下，調整心理分析學講學內容。[2] 這個有趣也很有創意的功課，帶動了國際榮格研究對心理分析教學新型態的研究與發展。[3]

本書原本是為義大利讀者而寫，因此亞洲讀者在書中會看到與義大利政治、社會及文化背景相關的指涉，難免霧裡看花。特別是義大利文版的〈前言〉，提及義大利八〇年代的政壇人士和電視明星。為避免妨礙閱讀，我在義大利文版〈前言〉之前增補了一篇〈說明〉，是專門為中文讀者所寫，介紹文中提及的義大利人和時空背景。

《積極想像：與無意識對話，活得更自在》中文版還多了一篇附錄，是義大利文版沒有的，說明積極想像方法實務操作的四個步驟。根據這些年我在香港、台灣、澳門和中國講學、辦工作坊的心得，我在附錄中詳細說明了積極深層書寫技巧，這是我長時間研究而得的一個分析工具，可以當作基礎入門手法應用在積極想像方法上。[4]

在體驗積極想像方法之前，我要提醒大家的是，積極、警醒地面對無意識意象要具備專業能力、要專注，也要謹慎而行，任何一個隨意之舉都有可能造成心靈上的傷害。因此，準備做積極想像的人自身需要有一定時間的深層心理

分析經驗，而且心理平衡狀態良好，以避免被無意識意象迷惑，也要避免受困於「我」透過防衛機制——例如智性化和審美化——而做出無謂的幻想。[5] 因此我建議中文讀者在初期操作積極想像方法的時候，要有專業榮格心理分析師從旁督導，並且善用深層積極書寫以便於熟悉以「觀察者」身分面質「我」和「自性」。

我期許《積極想像：與無意識對話，活得更自在》可以成為中文讀者手中有用的工具，以學會有目的性地積極面對無意識意象，唯有如此，才能活得更自在。

羅馬，2016 年 10 月

註釋

1 　參見瑪塔‧提巴迪、T. Chan、M. Chiu、M. Lee、B. Tam、E.T. Wong 合著，《跨文化認同：榮格學人在香港》（*Transcultural Identities. Jungians in Hong Kong*），ArtemideEdizioni 出版社，羅馬，2016 年。

2 　尼斯貝特（R. Nisbett），*The Geography of Thought. How Asians and Westerners Think Differently...and Why*, Free Press, New York – London – Toronto – Sydney, 2003; F. Jullien,《中國和希臘的情感策略》（*Strategie di senso in Cina e in Grecia*），Booklet Editore 出版社，米蘭，2004 年；F. Jullien,《生存或生活：西方思維和中國思維的二十個差異》（*Essere o vivere. Il pensiero occidentale e il pensiero cinese in venti contrasti*），Feltrinelli 出版社，米蘭，2016 年

3 　C. Crowther – J. Wiener, *From Tradition to Innovation. Jungian Analysts Working in Different Cultural Settings*, Spring Journal Books, New Orleans, 2015.

4 　提巴迪，〈積極深層書寫〉（Active Deep Writing），in *Proceedings of the XX International Congress of Analytical Psychology – Kyoto 2016* (in press)；提巴迪，〈積極深

層書寫〉（Scritturaattivaprofonda–Active Deep Writing）, in *L'Ombra*, Moretti &Vitali (in press).

5 榮格，〈超越功能〉，收錄於《榮格全集》，第 8 卷，Boringhieri 出版社，都靈，1976 年，pp. 79-106。

義大利文版前言說明

　　本書義大利文版前言談及二〇〇九年第六十六屆威尼斯影展的一部參展紀錄片《電視政治：亮相》，由義裔瑞典籍導演艾瑞克‧葛蒂尼執導[1]。

　　影片描述義大利媒體大亨貝魯斯孔尼（Silvio Berlusconi）的商業電視集團於七〇年代崛起，而他自己則在一九九四年為了「拯救義大利免於受共產主義荼毒，捍衛自由」，因此決定「下海從政」[2]。二〇〇九年，貝魯斯孔尼領導的「義大利力量黨」（Forza Italia）和強法蘭克‧菲尼（Gianfranco Fini）領導的「國家聯盟」（Alleanza Nazionale）兩大中間右派政黨，聯合組成右傾的「自由人民黨」（Popolo della Libertà）。但是這兩位創黨元老於二〇一〇年決裂，分道揚鑣。貝魯斯孔尼從政以來捲入多起司法案件，二〇一三年遭判刑，緩刑四年。商業電視台播放的節目推波助瀾，加上政治風向的轉變，貝魯斯孔尼風潮席捲義大利二十年間，還塑造了全新的女性形象，徹底改變了大眾對義大利女性的想像：為了拉高收視率，在電視節目裡安排衣著清涼、唱歌跳舞、搔首弄姿的主持助理，或助理女郎。由

於葛蒂尼這部紀錄片對貝魯斯孔尼、貝氏旗下的電視台及其問政風格多所批判，引發了不少爭議，在院線上映時也遭到杯葛，不過大眾依然給予極高肯定。

義大利文版前言談及的義大利名人除了貝魯斯孔尼和菲尼外，還有兩位左派政治人物，達利歐・法蘭伽斯奇尼（Daio Franceschini）和馬西莫・答雷馬（Massimo d'Alema），前者自二○一四年起擔任文化部部長，後者於一九九八年到二○○○年間是義大利總理。此外，提到的名人包括電視新聞主播麗莉・古魯柏（Lilli Gruber）、提貝里歐・廷佩利（Tiberio Timperi），電視節目主持人亞達・德烏薩尼歐（Alda D'Eusanio），深入義大利南部黑手黨卡摩拉（Camorra）後寫成紀實文學作品《娥摩拉》（Gomorra）的作家羅貝托・薩維亞諾（Roberto Saviano）。

在義大利文版前言中，我選擇談葛蒂尼的電影，以及貝魯斯孔尼在這二十多年來引發的效應：在公眾面前亮相和外在形象成為評估和評論一個人的主要準則，而個人的重要性與價值是以其在媒體上的能見度和存在感來衡量。自八○年代以降，同一性與外在形象之間有了完美的對等關係，這個現象幾乎可以用一句口號來說明：亮相即存在。完全無視內在世界，因為內在世界既然「看不見」，便形同「不存在」。重要的是亮相，是炫耀，內在心靈世界和深層創意符號化的能力不值一提。

法國哲學家阿蘭‧巴迪歐（Alain Badiou）說當我們無限歌頌資本主義和「憧憬西方」，也就是視自由主義和民主制度為最佳典範的時候，突顯了「人生成為追求成功的所有計策之總和，而為了達到目的要付出的代價是，向現行秩序臣服」。[3] 這就是貝魯斯孔尼在媒體、政壇和社會風生水起這段時間發生的事，失去的是在那之前的種種社會和內在價值觀。

不過做為深層心理分析師的我們知道，貌似看不見的內在，也就是無意識及無意識不同面向之間的生動關係所構成的那個世界，是運行不歇的真實，若是缺乏共同象徵性，會走上邪門歪道，會運轉不良，會出現我們今天所看到的個人和集體不適現象。

我之所以在此書一開頭就描述此一表面現況，以及貝魯斯孔尼這些年帶動的電視媒體風潮，是為了彰顯外在形象和內在意象之間的差異。而內在意象，若是源自於非個人的自性，會導向與外在表象截然不同的心靈經驗：「必須發掘自己能做什麼，要擁有一個真正有創意的充實生活，必須回溯自身能力。」[4]

關注內在意象，跟心理分析積極想像方法一樣，變成建立或重建個人及社會創意符號能力的關鍵，也是今時今日，面對西方的沒落，在集體弱智化、青春當道的商業電視之外尋找意涵的唯一可能途徑。奧地利哲學家卡爾‧波柏（Karl

Popper）於二〇一一年寫道，若是無法體認到商業電視台有教化功能，或者應該說是負面教化功能，民主就不可能存在。[5] 看來是一語成讖。

　　義大利文版前言的目的，是要請讀者思索受廣告和行銷制約的外在形象和從深層心靈自發湧現的內在意象本質上的不同。《積極想像：與無意識對話，活得更自在》旨在演練如何有意識地面質內在意象，面質那個眼睛看不見的世界，就像安東尼・聖修伯里（Antoine de Saint–Exupery）筆下小王子和狐狸令人難忘的對話：「『這就是我的祕密。其實很簡單，唯有心才能看清楚。眼睛看不見的才是最重要的。』『眼睛看不見的才是最重要的。』小王子為了牢記在心，複誦了一遍。」[6]

　　深層心理分析師面臨的挑戰是要有重新觀看內在和外在世界的象徵能力，也要有「與夢境親近的真實想法」，超越主導西方世界的金錢至上的符號化與庸俗化。[7] 榮格說，「所有心靈變化，都是意象與想像」[8]：積極想像方法可以幫助我們找到或重拾深層創意想像力，讓世界重返屬於內在意象的生氣蓬勃，讓意識重新與無法預料、難以捉摸的心靈相遇。

註釋

1 艾瑞克・葛蒂尼（Erik Gandini），《電視政治：亮相》（*Videocracy–Bastaapparire*），瑞典 Atmo AB 製片公司，2009 年。

2 1994 年 1 月 26 日，貝魯斯孔尼電視錄影宣布參政，投身選舉。

3 阿蘭・巴迪歐，《真實人生》（*La vita vera*），Ponte alle Grazie 出版社，米蘭，2016 年，pp.15-16。

4 同上，p.49。

5 卡爾・波柏，《電視惡師》（*Cattiva maestra televisione*），Marsilio 出版社，威尼斯，2002 年。

6 安東尼・聖修伯里，《小王子》（*Le Petit Prince*），Bompiani 出版社，都靈，2016 年。

7 同 8，p.50。

8 榮格，鈴木大拙《禪學入門》（*An Introduction to Zen Buddhism*）序，收錄於《榮格全集》，第 11 卷，Boringhieri 出版社，都靈，1979 年，p.555。

利用積極想像，
獲得完整心靈的
第一手資訊

我想要說的是其他人看不到的，例如彩虹的
側面。

布魯諾·穆拉尼 [1]

義裔瑞典籍導演艾瑞克・葛蒂尼在他執導的紀錄片《電視政治：亮相》中，以清晰敘事手法描述義大利自七〇年代起，在電視上亮相這件事逐漸變成評估個人同一性、社會價值與存在的準則。

　　在這樣一個「亮相」文化裡，個人和集體同一性是以我們的影像在電視上的能見度而定，是由我們在電視觀眾眼中被認識的樣子而定，無論我們在螢幕上詮釋的是哪個角色。新的電視英雄是透過同樣的觀看目光認可自身存在，界定自身同一性，與日常經驗中看到的截然不同，日常經驗因為不出現在電視上，就媒體角度而言不存在。

　　不存在和看不見對非電視人物的影響甚至會擴及到身體，變得越來越空洞，終至完完全全的去物質化。例如，人不論是在封閉性（公車、商店、電影院、大型商場等）或開放性（公路、城市道路等）社交場合中，都很少會察覺他人的存在，除非他人讓自己覺得不舒服或厭惡，這時候他人的存在會刺激情緒反應，通常是具侵略性的，若轉換成文字，可以是：「你很煩……，你很討厭……，滾蛋！」寫到這裡，我想起一位年輕女病患對她厭惡的人說的生動用語：「去死吧！」

　　關於我們與其他人相處時的態度是客氣有禮，或是挑釁攻擊，二〇〇九年九月二十二日《義大利共和報》（Ellekappa）的一幅趣味漫畫堪稱代表。當時兩位政壇大老

　　　　　　　　　　　　　積極想像：與無意識對話，活得更自在

貝魯斯孔尼和菲尼意見相左，前者對後者提出的任何歧異都予以否定，漫畫把這件事統整表現如下：

兩個人在討論菲尼和貝魯斯孔尼之間的爭執。
第一個人對第二個人說：「貝魯斯孔尼跟菲尼面對面談完之後，舉起了大拇指。」第二個人回答說：
「應該是中指吧？」

就調解人際關係的「社會契約」而言，早年所謂的教養良好是要永遠跟他人保持互相尊重的距離。如果未能保持距離，不管為了什麼原因，上流社會人士會為了自己不當侵犯他人空間而致歉，然後恢復恰當合宜的關係。

在我們這個年代，對於何謂教養良好，其規範為何，很少人知道或記得，值得一提的是互相尊敬的距離這個概念已經從上流社會階層消失，轉化為另一個形式，而且相去甚遠，例如，越來越多人開始去上防身課，課堂上教導的第一條守則就是要永遠保持或恢復我們跟其他人之間的安全距離，只允許朋友或戀人親近。因此我把以前的人際關係定義為「和平時期」，而現在的人際關係則是「戰亂時期」。

另外一個全然消失的教養規範是不可以盯著人看，不管看任何人都不該目不轉睛。如果有人在我們面前發生了尷尬的事，例如摔跤、滑倒等等，應該上前伸出援手，但是要

避免談及發生的事，更重要的是，絕對不能笑！這也是以前社交關係裡的規則，期待所有人都能謹守這個互相尊重的準則，違反之人形同把自己劃分到沒教養或不符合社會期許之人。

今日社會的恰當距離，或許並非刻意而為，但存在「黃線」，也就是公共場合的「禮貌距離」：尊重他人私人空間的那條界線，將謙恭有禮的行為與失禮行為劃分開來。

但是何謂謙恭有禮？字典詞條說，謙恭有禮是「集各種優點之大成，包括對他人尊敬、對晚輩慈愛、寬宏大度、談話愉快、鄙視怯懦、捍衛受欺壓者及婦女，就中世紀的騎士教育而言，這些都是宮廷朝臣應有的特質。」[2]

與謙恭有禮類似的概念是文雅：文雅之士或舉止文雅之人，舉止首重「雅致、優雅，行止儀態美而莊重，與人互動時格外謙恭有禮。」[3]

在電視圈，這類行為舉止的規範完全遭到扭曲，每況愈下。舉例來說，近幾年電視導播場粗暴地將鏡頭鎖定來賓的特定身體特徵及動作手勢，倒楣的來賓被攝影機鎖定後，不得不控制自己的身體語言，幾近僵直不動。

我記得在二〇〇九年的一場電視辯論會上（由新聞主播麗莉・古魯柏主持的人物專訪節目「8 又 1/2」），導播多次讓攝影機特寫受邀嘉賓民主黨祕書長達利歐・法蘭伽斯奇尼翻看錄影筆記的動作，法蘭伽斯奇尼發現鏡頭持續鎖定

他的手部後便放下筆記，從那一刻起他的身體就不再有任何動作。類似的情況出現在後來邀請馬西莫‧答雷馬擔任嘉賓時，幾乎從節目一開始他就極力控制自己的身體語言，如石像般巍然不動。

我們想想動物世界，靜止不動這個反應是情況危急時出現的一種防禦形式。被電視畫面鎖定的人抑制所有身體動作，從至高點觀察，是因為電視視覺侵入，身體察覺到危險而有的一種本能反應。

在電視觀眾眼前描述、建立電視形象的這種方式，自然超越了恰當距離，第一，這是沒教養的行為；第二，侵犯了私人空間，這比沒教養還糟糕。我若用比較強烈的字眼形容，這個舉措可以說是電視節目導播對受邀嘉賓的一種侵犯，因為唯有當事人之一，也就是電視導播，有權力讓電視畫面停鎖定嘉賓，注視他，而嘉賓唯一能保護自己的方式是，面對那未經雙方同意、單向注視他的眼遮掩所有資訊。電視導播的注視之所以被視為一種侵犯，是因為那並非私下的、一對一的觀看，而是「集百萬於一」，因為鏡頭後面是上百萬電視觀眾的眼睛。這些觀眾借由導播的眼睛間接窺視嘉賓的身體語言。

不過，俗話說魚與熊掌不可兼得。賦予同一性、能見度和存在感的電視之眼也有其黑暗面和各種負面面向。在電視上的能見度越高，曝光率越高，就越害怕失去這個能見度及

隨之而來的社會知名度。

　　關於害怕從電視上消失，不再有存在感這件事，我曾親眼目睹一件事：一年夏天，知名電視主播提貝里歐·廷佩利走進一間咖啡館，他身上穿這一件 T 恤，上頭印著大字：「啊！……他是提貝里歐·廷佩利！」看到的人都露出古怪表情。提貝里歐·廷佩利想讓人認出他，即便看到的人不知道他，或想不起來他是誰。

　　從心理分析角度來看，可以假設提貝里歐·廷佩利此一「行動化」是出於無意識的恐懼[4]：用自我認同的 T 恤避開未被認出的風險？用 T 恤驅魔消災以面質無人認識的恐慌？這個行為翻譯成文字，意思是：「不管你願不願意，你必須認出我」？

　　電視給予同一性，也讓人心中萌生對消失的恐懼。除非他透過接受自己陰影的曖昧操作，在媒體敗部復活，例如亞達·德烏薩尼歐主持的節目《重新開始》。當時義大利國家電視台的節目宣傳文案是這麼寫的：

　　　　曾經在大眾記憶中徜游的名人和庶民高潮迭起的故事，在集體想像中留下了不可磨滅的痕跡，他們曾經站上顛峰，或人人唾棄，然後轉瞬間被忘記。[5]

積極想像：與無意識對話，活得更自在

這個節目雖然收視率頗佳，但是從心理學而言具有爭議。節目的宗旨是讓那些不再被看見的人短暫地重新成為大眾目光焦點，對電視觀眾造成的效果顯然是有歧異的。這類節目會引發觀眾的媒體窺視癖，甚至虐待狂，不難想見觀眾面對那些變回無名小卒的人，心中的議論是：「你看看他，落得這個下場……真是落魄……！」

　　從生活品質來看，電視能見度讓那些變成媒體寵兒的人付出高昂代價：自由。隨時隨地被看見，被認出，意味著不再能被視而不見，變成了自身形象的囚徒和人質。

　　被判喪失自由的名人之一是作家羅貝托・薩維亞諾，自從他出版著作《娥摩拉》[6]聲名大噪後，能見度和名氣隨之升高，儘管羅貝托・薩維亞諾將自身的能見度轉化為媒體利器（冒著過度曝光的風險），對抗暴力，但是他仍然被迫隱居，並聘請保鏢以免遭到義大利南部卡薩雷黑手黨卡摩拉的追殺。

　　亮相文化本身還有另外一個不容小覷的問題，真實世界掌握在它手中。如同葛蒂尼在電影中強調的，有百分之八十的人口只透過電視了解世界上發生的事，而身處亮相文化中絕大多數的人不接觸紙本，或對紙本所知有限。可想而知，亮相文化抹殺了文字的價值，對書寫文字很陌生，無法透過文字認識世界，對文本缺乏批判工具。[7]

＊　　＊　　＊

　　我們接下來改由心理學角度出發，探討在能給予同一性、存在感和實質存在的注視下，能見度和隱而不見的故事。

　　我們今天的文化似乎沉溺在演化心理學名之為「注視期」的階段（應該不是出於巧合）。這是新生兒人生的第一個階段，透過注視母親，以及與母親的身體接觸經驗，新生兒體驗到最初的自我與非自我之間的關係，這個經驗會留在他童年的身—心之中，成為日後人際關係經驗的原型。[8] 從視覺心理學角度而言，可以說，面對電視觀眾的幼年需求，電視扮演的是「母親替身」的角色，她是我們最初的依戀，讓我們認識自己，讓我們存在。這個形象至為關鍵，許多一心追求電視能見度的人—幼兒不顧一切尋找注視的目光，否則就無法感受到自己的存在。

　　必須說明的是，若是發展健康的心理，注視期很快就會被超越（事實的確如此），往日趨複雜、不再和諧的方向去，否則人格發展會停留在心理學的前口腔期，是提供嚴謹精神病理學研究的絕佳溫床（心理機能的病理模式是在前口腔期孕育發展的）。[9]

　　因此，若從心理學角度觀察熱衷於在電視上亮相、被辨識的社會，我們會直接被帶回嬰幼兒初期，那時候母親的注

　　　　　　　　　　積極想像：與無意識對話，活得更自在　├──────

視，那個讓童年感覺良好的注視，那個讓人覺得有存在感的注視，恐怕未盡其責：英國心理分析師澤萊塔（Felicity De Zulueta）大概會說是依戀關係挫折所致？[10]

源自於依戀關係的電視能見度渴望發作，似乎成為嬰幼兒時期需求未被滿足的證明，被那些或多或少知道自己跟注視期還有帳沒有算清的人重新搬上檯面。

是不是嬰幼兒時期未受自己的照顧者[11]注視、認可的人，為了遺忘自身不存在的痛苦經驗，寧願變成「壞人」，展現有機能障礙的行為舉止？關於這一點，我想到一名病患的故事，她因為缺乏父母關愛飽受痛苦，從小就決定要在自家的樓梯平台尿尿，希望藉此引起父母的注意，發現她的不快樂。結果她這麼做完全不見效果，進一步證實了小女孩不被看見和不存在的絕望經歷。在小女孩及其長大後的人生裡，被認可的渴望是永遠得不到回應的需求。

* * *

我之所以討論注視的文化面向，我之所以將這個文化特有的黑暗面、害怕、暴力和歧異之處揭開，是為了突顯電視如何讓意識和外在形象之間的關係受到特殊關注。榮格心理學稱這種關係是外傾性關係，意思是「力比多[12]傾向於外部環境」。對榮格而言，外傾是：

（……）主體的興趣正面導向客體。處於外傾狀態的人的思考、感覺、行動都與客體有關，而且由外就能直接清楚地感受到這一點，所以他對客體的正面態度是無庸置疑的。外傾可以說是將興趣從主體轉移到外部上，也就是轉移到客體上。（……）外傾對客體雖然不至於有獨占感，但是會有強烈的依賴感。（……）當外傾狀態成為常態，就是外傾型人格。[13]

如果與之相反，就是內傾。主體比較關注與內在意象之間的關係：

內傾之人的興趣不會移向客體，而是會導向主體。處於內傾狀態的人的思考、感覺、行動能讓人清楚看見其他在意的是主體，客體是次要的。（……）當內傾狀態成為常態，就是內傾型人格。[14]

外傾—內傾，客體—主體，外在形象—內在意象。究竟何為內在意象？深層心理學，特別是榮格心理分析師對這類意象特別關注，那是無意識心靈創造出來、隨時隨地在心靈舞台上展演的豐富世界。大家常常忽略（或低估）這個世界的存在和潛力，除非內在意象主動自發地向意識現身，例如

積極想像：與無意識對話，活得更自在

惡夢、執念和狂熱等等，或是以比較討人喜歡的形式出現，例如熱情洋溢、藝術直覺、創意發想等等。即使今天心理分析文學作品不勝枚舉，神經科學研究結果斐然，但內在世界的真實性仍然飽受質疑。維持個人和集體的身心平衡、實現自我與自性、建立完整人格，深層意象都扮演了重要角色。

關於內在意象，我有一個故事要跟大家分享。

二〇〇九年十月，一本新書發表會上，作者向大家陳述她的妄想經驗[15]，聽眾中有人真心誠意地發問，無意識是否真的存在，所謂妄想究竟是怎麼回事。

今天沒有人會再質疑無意識是否存在，也不會懷疑身體和心靈一體的問題。像艾倫・仕柯就認為「右腦內在體系代表的是佛洛伊德具動能的無意識生物基質」[16]，無論從哪一方面而言，新的觀察單元都是「腦—心—身」。

參加發表會的其中一位講者回答說，妄想是「一張向無盡敞開的網」，是突破約定俗成、哲學概念化的死板疆界的一個方法。如果，從某個角度來說最後這個定義成立──妄想讓無意識心靈的自主性被看見，因此揭露了意識（或僵化或鬆弛）邊界那一邊的種種──不能否認在妄想中，跨過意識邊界對我而言是危險的，是把人格暴露在心理失調，也就是精神病的具體風險中。

要想突破意識約定俗成的框架，讓人格能夠進化且具創造性，而非妄想那樣退化具破壞性，當然還有其他途徑，不

那麼危險，也少一點創傷，那就是榮格心理學中的積極想像方法。

關於破壞性和創造性心靈經驗之間的差別，榮格寫道：

就我們所知，創意歷程要有活躍的原型無意識，要讓它發展成形，最後竟其功。要賦予原始意象形式，如同將它翻譯為現代語彙，透過這個翻譯每個人都可以重新找到進入生命深層之源的入口，而這個入口是直到那一刻為止都被禁止進入的。這就是藝術的社會意義：藝術持續教育每一個時代的心靈，讓缺乏的形式一一浮現。（……）跟原始意象說話，彷彿是跟一千個聲音說話，他也抓住、掌控，同時高舉他在不確定、脆弱狀態下所描畫的外在事物；他在人類命運面前高舉個人命運，同時將所有救援力量在我們之中釋放，讓人類可以逃離所有危險，甚至在最長的黑夜裡存活下來。[17]

妄想經驗和創意經驗之間的區別在於個人把「原始意象翻譯為現代語彙」的能力。儘管無意識力量具有破壞性生產和創意性生產的特質，但只有在第二個條件下，利用一個高品質的表達工具，例如書寫，意識才能給予原型素材一個所有人都能辨

識且有效的象徵形式。榮格的積極想像方法和想像對話的個體化以書寫形式讓所有一切被看見，可測量。[18]

積極想像這個分析心理學的重要方法，有很長一段時間鮮少有人談起或論述，義大利的榮格分析師培訓課程中也很少教到。二〇一〇年十一月，榮格的《紅書》出版[19]立刻引起大家對積極想像方法的注意，還有一個不容否認的事證：在個體化歷程和完整人格實踐中，積極想像都扮演了至為關鍵的角色。

本書旨在闡明榮格積極想像實務，那是身心幸福、動能心靈平衡和完整人格實踐的重要工具。積極想像是一個直面無意識的內省方法，利用這個方法，我們可從完整心靈角度出發，獲得所渴望了解的所有第一手資訊。

註釋

1　譯註：布魯諾・穆拉尼（Bruno Murani, 1907-1998），義大利藝術家、設計師、作家。二十世紀藝術、工業設計、平面設計的代表人物。

2　原註1：《義大利辭典》（*Vocabolario della lingua italiana*），義大利 Treccani 百科全書學院，羅馬，1986 年，p.973。

3　原註2：同上，p. 577。

4　原註3：「行動化」指透過外顯的行動，展現內心衝突及無意識恐懼。

5　原註4：請見 www.ricominciare.rai.it.

6　原註5：羅貝托・薩維亞諾，《娥摩拉》（*Gomorra*），Mondadori 出版社，米蘭，2006 年。

7   原註 6：提巴迪，〈心理分析學，文字經驗與自我認識〉（Psicologia analitica, esperienza della scrittura econoscenza di sé），《心理分析期刊》（*Rivista di Psicologia analitica*），52/95，pp. 19-31。

8   原註 7：神經科學研究顯示，母親與幼兒的早期互動會銘刻在幼兒的右腦中，對右腦的成熟和運作或有所幫助，或有所抑制。

9   原註 8：義大利心理學家巴伊亞卡（R. Speziale-Bagliacca）在美國心理學家兼神經科學家艾倫·仕柯（Allan Schore）著作《情感調解與自我修復》（*La regolazione degli affetti e la riparazione del Sé*, Astrolabio 出版社，羅馬，2008 年）義大利文版前言中寫道：「仕柯認為，右腦在不同心理干擾、依戀功能障礙和自我反常的情況下會加速運作。右腦不僅主導情感生活，（右腦運作正常）也關乎生理健康（……）和投射性認同等。」（p. 15）。

10   原註 9：參見澤萊塔，《從傷痛到暴力：侵害性創傷起源》（*Dal dolore alla violenza. Le origini traumatiche dell'aggressività*），Cortina 出版社，米蘭，1999 年。

11   原註 10：caregiver 這個字是指「照顧他人之人」，這裡是指嬰幼兒依戀的對象。

12   原註 11：榮格分析心理學中，力比多（libido）是指廣義的心理能量，跟佛洛伊德心理分析所指的性能量不同。

13   原註 12：榮格，《榮格人格類型》（*Tipi psicologici*），《榮格全集》，第 6 卷，Boringhieri 出版社，都靈，1969 年，p. 438。

14   原註 13：同上，p. 466。

15   原註 14：安東內拉·莫斯卡提（Antonella Moscati），《妄想》（*Deliri*），Nottetempo 出版社，羅馬，2009 年。2009 年 10 月在羅馬舉辦新書發表會。

16   原註 15：巴伊亞卡（R. Speziale-Bagliacca），艾倫·仕柯（Allan Schore）《情感調解與自我修復》義大利文版前言，pp. 15-16。

17   原註 16：榮格，〈心理學和詩意的藝術〉（Psicologia e arte poetica），《榮格全集》，第 10 卷，p. 353。

18   原註 17：提巴迪，〈敘事形式：靈魂的自傳書寫〉（In forma narrativa. Scrittura autobiografica dell'anima），《靈魂，黑暗的內在衝動》（*Un oscuro impulso interiore, Anima*），堂法蘭契斯科（Francesco Donfrancesco）主編，Moretti & Vitali 出版社，貝加摩（Bergamo），1999 年，pp. 71-81。另請參見提巴迪，〈敘事熱情：想像治療筆記〉（La passione narrativa. Appunti per una cura immaginale），《靈魂，隱密幽徑》（*Per nascosti sentieri, Anima*），堂法蘭契斯科（Francesco Donfrancesco）主編，Moretti & Vitali 出版社，貝加摩，2001 年，pp. 191-206。

19   原註 18：榮格，《紅書》（*Il libro rosso*），Bollati Boringhieri 出版社，都靈，2011 年。《紅書》收錄了榮格十六年間記錄下來的夢境與積極想像。像中世紀手抄本，以哥德字體書寫在大開本紙頁上，搭配插畫，鎖在一家瑞士銀行裡長達

二十三年。二〇〇九年，紐約魯賓藝術博物館的《榮格及其紅書：創造新宇宙學》展覽第一次公開展出《紅書》，獲得大眾及評論家一致好評。

正視無意識

我們或許會問，為什麼要展開無意識意象之旅呢？為什麼要走上途中需要努力、紀律和決心，而且很可能會遇到危險的旅途呢？[1] 為什麼要去無意識心靈中尋找榮格所言之「熾熱岩漿」，以此為「原料」，結晶為「石頭」後在書寫中雕鑿？

　　榮格率先給了答案。在他八十三歲與阿妮拉·賈菲（Aniela Jaffé）合作完成的《榮格自傳：回憶，夢，省思》中，他說在他一生中唯一值得記述的是無意識心靈的展現，也就是「如何從瞬息變化的事件中去認識永恆的世界」[2]。因此，榮格在敘述自身故事時，很少著墨於外在事件，多著重於在他內心世界發生的事，以及出現在他的夢境和積極想像中的種種。

　　在榮格用以形容他「正視無意識」[3]之旅的諸多意象中，其中一個是「可以舀水的那條河」[4]：

　　　　每當有人說我聰明，或是智者，我總是無法接受。這就像一個人用帽子從河裡舀水。這句話是什麼意思？我不是那條河。我站在河岸邊，什麼都沒做。其他人站在同一條河的岸邊，他們之中許多人想著應該要做些什麼，而我什麼都不做。我從來不覺得我應該要做那個擔心櫻桃有沒有梗的人。我只是站在那裡看，讚嘆大自然的無所不能。

　　　　　　　　　　　積極想像：與無意識對話，活得更自在

有一個古老而美好的故事，說有一名學生去
到一位拉比面前，對他說：「很久以前有人見過上
帝的臉，為什麼現在沒有人看到了呢？」拉比回答
說：「因為今天沒有人願意把腰彎得那麼低。」需
要彎下腰，才能舀取河水。[5]

有了這第一個意象作為範例，我們可以說積極想像實務
的目標就是「走到可以舀水的那條（無意識）河流」，沿途
所見所聞，不由得讓人想起蘇格拉底的某些古老教誨。

西元前四世紀，蘇格拉底教導他的學生在提問（及問自
己）和聆聽回答（自己的與他人的回答）時，要用「質問辯
證」法，這個獲得知識的模式，是透過立場不同者的交互對
話，一步一步讓詰問者認識深層現實。目的是認識；希臘德
爾菲（Delfi）的阿波羅神廟入口處銘刻的箴言也說：

人啊，認識你自己，然後才能認識世界與神
祇！

從心理學角度來看，今天我們可以把這段路程視為一
個認識模式，可以激勵我提昇自我省思能力，讓意識越來越
懂得面對深層現實，直到能達到榮格所說的「心靈客體性」
[6]。在蘇格拉底時代，要接近這個現實必須透過「助產術

法」和「反詰法」兩個工具[7]。今天要達到這個目的，則可以透過獨特的積極想像方法進行夢的解析。

無論是蘇格拉底法、德爾菲神諭，或是細節與前者略有不同的榮格方法，其共同目的都是「認識」，在此前提下詰問者的意識層面持續與「神的」層面，也就是原型層面交錯著。這裡是指完整的、全面的認識，而意識與無意識是以有覺知的、有創意的方式互動。從神經科學角度來說，可以說這個知識有到考慮到「右腦」、「左腦」和的動能，「上行」、「下行」和神經通路及彼此的交互關係。

榮格在自傳中談及這些面向的時候，將之定義為第一人格和第二人格，這在他一生中不斷交錯出現：

> 貫穿我整個人生的第一人格和第二人格，完全不是醫學意義上的「人格解離」。相反的，每一個個體都會發生。在我的一生中，第二人格扮演非常重要的角色，我總是努力為那些發自內心的一切騰出空間。第二人格是一個典型形象，但是只有極少數人有所察覺。很多人的意識思維無法理解原來第二人格也是他們。[8]

我們回頭談蘇格拉底。希臘傳統哲學還認為每個人心中都有一個代蒙（daimon）[9]，是「神諭」，也是內在靈魂的

　　　　　　　　　積極想像：與無意識對話，活得更自在

聲音。代蒙從每個人的內心深處跟那個人說話,指引他該走的路。蘇格拉底認為聆聽代蒙聲音、相信其指引的人,可以認識善、正義與美德,由此拯救自己的人生。

在分析心理學領域中,榮格曾就代蒙這個議題做過廣泛討論,其他新榮格學派學者也多次予以論述。美國心理學家詹姆斯‧希爾曼(James Hillman)在他的《靈魂密碼》一書中寫道,根據柏拉圖的愛爾神話,每一個個體在出生的那一刻都會收到一個代蒙,是「內在守護者」,會為他的一生指引方向:

> 出生之前,我們每個人的靈魂會選擇一個日後在人世間生活的意象或形象,並且會收到一個專屬的守護者代表,也就是代蒙,會在人世間為我們指引方向。不過,在出生的那一刻,我們把這一切都忘了,以為自己一無所有地來到人世。代蒙為我們記住了我們的形象,我們事先構思好的種種,是他承載了我們的命運。[10、11]

希爾曼認為人類的主要任務之一,是跟這個內在需求建立起覺知關係,聆聽其要求,追隨其指示。

近年則有美國心理分析師麥可‧孔佛提(Michael Conforti)討論代蒙這個議題,他指出:

（……）榮格心理學的目標是從容辨識出我們的原型型態學和命運，並對此創造出一個因人而異的個人回應。在許多神學論述中都可以看到我們想要認識這位守護神，並希求與他採取一致行動的超個人個體合作模式。[12]

透過積極想像實務，我們可以跟我們的代蒙有直接、積極且有所覺的接觸，讓意識在我們人格「永恆」和「短暫」面向持續交錯的內心世界裡，聚焦於內在召喚和命運的呼喚。

註釋

1　原註 19：榮格認為積極想像實務是一種「有意識的精神病」體驗，會讓想像者的人格暴露於精神解離的風險之下。因此剛開始操作積極想像的時候，最好要在熟稔此一方法的榮格心理分析師督導下進行，而且要事先對準備做積極想像者的人格做嚴謹的心理動能評估。

2　原註 20：榮格，《榮格自傳：回憶，夢，省思》（阿尼拉・傑菲主編），Rizzoli 出版社，米蘭，1978 年，p. 28-29。

3　原註 21：「正視無意識」是《榮格自傳：回憶，夢，省思》第六章標題。

4　原註 22：同註 20，p. 415。

5　原註 23：同上。

6　原註 24：心靈客體性是指不屬於主體、但屬於「集體無意識」的心靈內容，所有人都有的心靈體驗。

7　原註 25：關於「助產術法」（maieutikè），柏拉圖在對話錄〈西伊提特斯篇〉(Thaetetus) 中借蘇格拉底之口說：「我的助產術法，與助產婦的技法相去不遠，不同之處在於我的對象是男士而非女士，要照顧的是臨產的靈魂，而非臨產的身體。這個術法最厲害的地方是，我可以透過它，分辨出年輕靈魂分娩的是幽魂與

謊言，還是生命與真實。」而「反詰法」（Elenchus）則是一種辯證工具，可以檢視自己和他人的意見，讓個人知識與集體知識向前邁進。

8　原註 26：同註 20，p. 74。

9　譯註：代蒙（daimon）是希臘文，意指守護神，泛指靈，也可指「靈魂」（psyche）。古希臘哲學家認為好的靈魂，即好的守護神，可以為人帶來幸福。

10　原註 27：希爾曼，《靈魂密碼》（*Il codice dell'anima*），Adelphi 出版社，米蘭，1997 年，p. 23。

11　編註：《靈魂密碼》中文版由心靈工坊出版。

12　原註 28：孔佛提，《固有密碼》（*Il codice innato*），Magi 出版社，羅馬，2005 年，p. 130。

深層想像之境

我沉浸於思緒中，在世界之上翱翔。

夏卡爾（Marc Chagall）

榮格的積極想像法

我們的頭腦裡充滿意象，卻往往不自知。我們如果懂得關注湧現的內在意象，就會發現在我們內心有一個生氣勃勃的言說世界：風景、植物、動物和人物出現在我們的感知中，與我們交談，回答我們的問題，但前提是我們要學會直接面對它們，同時心懷敬意。

關於深層想像，智利電影導演亞歷山卓・尤杜洛斯基（Alejandro Jodorowsky）如是說：

> 大多數時間我們對於何為想像毫無概念，我們不願被它無所不及的觸角碰觸。除了知性想像之外，還有感性、情欲、身體、經濟、神祕及科學想像……。無論哪一個領域都少不了想像，包括我們視為「理性」的領域也不例外。想像無所不在。因此我們應該好好發揮想像力以面對現實，不要侷限於單一視野，而要從多重視角出發。

> 我們習慣以信念和自我制約中的狹隘範例做為評估準則。對神祕、廣袤、難以預料的現實，我們只能覺察穿透我們視網膜的那些。積極想像是擁有更開闊視野的關鍵，讓我們從他人的觀點闡明生活，從不同角度思索與感受。這才是真正的自由：

　　　　　　積極想像：與無意識對話，活得更自在

能夠擺脫我們自己，跨越個人小世界的疆界向世界
展開[1]。

當我們進入無意識想像之境，會發現在那境內一切都是
鮮活而真實的，而這個心理真實遠比我們願意相信的更近，
也比我們以為的更容易靠近：每一個感受、每一個情緒、每
一句話語、每一個生理反應、密集攻擊我們的每一個刺激，
只要以心靈之眼觀察，就能夠將它人格化，帶領我們進入那
深層想像之境。

到底什麼是「人格化」呢？在榮格心理學中，「人格
化」這個名詞指的是自發性地啟動無意識想像，這是一種自
然而然的心理過程，會將情緒轉化成意象。而無意識的運作
憑藉的確實是圖像，而非概念：

> （人格化是以自發方式）汲取經驗，得以看
> 見，談及生存體現彷彿是心靈臨在（……），這種
> 在世界上存在、經歷世界的方法彷彿心理場，事件
> 在那裡交付予人，因此事件成為觸動我們、感動我
> 們並吸引我們的經驗[2]。

即便意象並非自發性出現，仍然保持待命狀態，彷彿
貴重寶石的礦藏等待被發掘，一如接下來這個積極想像的例

子：

　　很黑，我在一個山洞裡，僅有微光，我可以移動。我下到深處，那裡有一個藏寶箱，裡面裝滿了金幣，我環顧四周，十分困惑，我沒想到會找到寶藏，我問我自己接下來該怎麼辦，然後聽到一個聲音叫我過去。我很害怕。

　　那個聲音說：過來，你可以拿寶藏，這個寶藏是大家的，不屬於任何人，你並沒有搶走誰的東西。既然你找到了，寶藏就是你的。誰拿到這些寶藏，寶藏就屬於他，只是得到寶藏後要學會運用。

　　我回答說：我必須來此，看著寶藏，習慣寶藏的存在，但我從未想過可以運用這麼大一筆財富。

　　那個聲音又說：你要學，要夠強才能擁有寶藏。你要學著變強。

　　我回答那個聲音說：我先回地面，之後我會再回來，回到地心來。我必須慢慢熟悉這個寶藏。

　　那個聲音說：我在這裡，由你差遣。[3]

　　所以，積極想像是榮格心理分析的一種內省方法，透過這個方法，可以有意地、直接地同時清醒地與無意識面對面。榮格是在一九一三年到一九一九年間發現這個方法的，之前他跟佛洛伊德的個人情誼和專業領域上都分道揚

　　　　　　　　　　積極想像：與無意識對話，活得更自在

鑣，因此這段時間很不好過。那些年，榮格這位心理分析之父飽受各種情緒以及不斷湧現的無意識意象折磨，「在地底催促他」。

在《榮格自傳：回憶，夢，省思》中，第六章的標題是意義非凡的〈正視無意識〉。榮格描述他使用什麼方法跟自己的無意識達成協議。我們可以把他的見證當作積極想像法的「主觀」描述[4]，而第一次「客觀」描述則記錄在〈超越功能〉[5]一文中：

為了能夠捕捉那些「在地底」催促我的幻影，我必須深入地下去到他們之間：但我內心不僅遭遇極大阻力，還有如假包換的害怕。我怕我會無法控制自己，會被無意識操控，而身為精神醫學家，我很清楚這意味著什麼。總之，經過漫長的猶豫不決，我意識到沒有其他解決之道。我必須接受這個命運，我必須勇於掌控那些意象，如若不然，就有我被它們掌控的風險。只要我能將情緒轉化為意象，也就是找出躲藏在情緒裡面的那些意象，我的內心就會覺得平靜、安全。我若停留在情緒中，就有可能被無意識的內容物打敗。或許我應該擺脫掉這些，但是如此一來我恐怕難免會陷入精神官能症，最終照樣被無意識的內容物打敗。我的實驗告

訴我，從診療角度而言，發掘躲藏在情緒後面的特殊意象是會有所幫助的。[6]

瑪麗 - 路薏絲・馮・法蘭茲（Marie-Louise von Franz）師承榮格，與榮格合作超過三十年，她在一篇被視為論述積極想像的經典論文[7]中，描述榮格探索無意識的方法，提出四個階段，簡述如下：

第一階段

要啟動積極想像，首先必須「清空自己腦中『我』的思維過程」，意識要學會排除批判態度，擺脫所有期待與定見，等待一個自發的畫面浮現。若是沒有任何無意識畫面形成，榮格建議尋求「外力輔助」，例如觀察夢境畫面，或是觀察自身強烈的情緒狀態。客體啟動與否確實取決於「觀察」過程。

第二階段

在這個階段必須「讓無意識的幻想影像進入內在知覺範圍」，而且不能干預這個過程，要讓它在腦海中自由地流動或移動：

　　　　　　　　　　積極想像：與無意識對話，活得更自在

我們不該過度努力地專注於它、阻礙它、固定它，也不能太不專注，否則內在影像有可能變化過快，變成一場「內在電影」。[8]

　　由於無意識影像可能以不同形式浮現，包括視覺、聽覺、觸覺、味覺、嗅覺和動覺等，意識要能捕捉到各自的特性，然後提供最適合的表達工具，好讓它們具有外在可見度。

第三階段

　　在這個階段，意識被召喚來透過書寫、畫圖、雕塑、音樂或舞蹈「給予幻想影像某種表現形式」。在這個階段，想像者容易發生兩個錯誤：

　　第一個錯誤是讓幻想陷入過於精雕細琢的美感歷程，以致於它有一點像「藝術品」，由於太過重視形式，便忽略了它的訊息或意義。（……）另一個錯誤正好相反：漫不經心地草草寫下幻想內容後就急著詢問意義問題。直覺型和思考型的人格外容易犯這個錯誤，知識分子更糟。凸顯出愛和奉獻的匱乏不足。[9]

積極想像法預設的客體化不同形式中，榮格認為書寫是基本工具之一：

> （……）不只實用、重要，而且適切，用文字將整個過程從開始就固定下來，因為我們需要面前有文字作為佐證，才能夠有效制衡自我欺騙的傾向，而這個傾向隨時都有可能顯現。[10]

第四階段

這個階段「是以道德探索自己之前製造出來的東西」，讓積極想像法跟其他想像技巧區隔開來：意識排除了自身帶有批判的專注後，讓積極想像自主發展，在讓來自無意識的意象客體化並且以積極方式面對它後，決定立場，也就是評估深層內容物，再以自己的價值觀為參照，「做出有意識的道德決定」，加入或拒絕無意識的指引。

* * *

如前所述，在無意識的心理世界中有許多畫面。在開始跟這些畫面親近熟悉之前，我要談一下讓意識心理得以過渡到無意識心理的那些畫面，也就是讓已知現實過渡到未知現實、凸顯情緒的那些畫面。

阿米娜塔‧佛法納是非洲曼丁卡族公主，她的爺爺是薩滿巫師。關於這一點，她曾有過如是描述：

　　　　當你跨過門檻，或當你打開門（你也可以用其他名詞稱之），你會看見正常人眼睛看不見的，聽見正常人耳朵聽不見的（……）。你切勿被害怕所迷惑，千萬不要。因為害怕會變成黑暗的助力，會削弱你的力量（……）。閉上眼睛，跨過門檻，踏上旅途。[11]

　　接下來的夢境描述，是以象徵手法呈現相同的過渡經驗：

　　　　我在深淵邊緣，我靠雙手撐住自己不掉下去，而我的腿和腳在黑暗中懸空。我在那一瞬間做了決定：放開手，我開始往下墜落，我不知道會遇到什麼，很可能會是死亡。我的身體在黑暗中急速下墜，我很害怕，我不知道下面是什麼地方，但我發現越往下，黑暗漸漸開始減弱，墜落結束，我感覺我雙腳踏的地方很柔軟，讓人覺得很舒服。我的身體很放鬆，全身舒暢。我看著這個山洞，訝異地發現山洞裡有許多金銀珠寶，在那裡，在地底深處。我明白了找到寶藏的祕訣就是要放手墜落跌落谷底。那些珠寶很美，很大，很耀眼，

可以帶走，帶到地面。找到這個地方的祕訣是放開一切，讓自己墜落，接受可能喪命的風險：祕訣是經歷死亡的恐懼。

歷來的童話故事裡也常見種種困難和恐懼，特別是當主人翁要去尋找「很難找到的寶藏（無意識）」時。在《金鑰匙》這則格林童話中，那把可以開啟「裝著珍寶的小盒子」的小小鑰匙被封存在冰天雪地的皚皚白雪下：

> 一年隆冬，積雪嚴重，一個窮苦的小男孩不得不拉著雪車去撿柴薪。等他撿完柴薪放到車上，天氣冷到他不想回家，只想就地生火取暖。他剷除雪堆，打算清出一小塊空地，這時發現了一把小小的金鑰匙，他想既然有鑰匙，那麼鎖應該就在附近。他繼續往地下挖，挖出了一個小鐵盒。
>
> 「希望這把鑰匙是開這個鎖的，」男孩心想。「小鐵盒裡一定有值錢的東西。」可是他找了半天沒看到鑰匙孔，最後終於找到一個，但是那個鑰匙孔很小，幾乎看不見。他試了試，那把鑰匙竟然大小剛好。他轉動鑰匙。現在我們就等他打開鎖，打開鐵盒蓋，然後就會知道小鐵盒裡究竟裝了什麼好東西。[12]

關於寒冷的感覺，了解無意識心理歷程的人很清楚那通常與艱難情境、能量系統阻滯、未經整理的創傷記憶有關。就這個觀點出發，在內在畫面間旅行可以是：

（……）向生命敞開，披荊斬棘，打破為自衛而設置的藩籬，走向未完成。[13]

榮格在他的《紅書》中回憶起一場「難以解釋的嚴寒」夢境，夢中的寒冷畫面卻跟成熟果實同時並陳，那是對立的心理經驗，刺激了內在寫實和外在寫實的整體感知：

在一九一四年，六月初和六月底，以及七月初，我做了同一個夢三次。我在一個陌生的國度，那是仲夏的一個夜晚，突然間，難以解釋的嚴寒從星空降下，所有海洋與河流都結冰了，一切綠意都凍結了。

第二個夢跟第一個夢很相似。至於在七月初做的第三個夢，則是這樣的：我在英國某個偏遠地區，必須乘快船盡速返回家鄉。我匆匆趕回家。在家鄉我發現明明是仲夏季節，卻從星空降下嚴寒，讓所有生物都結成了冰。有一棵樹結霜了，沒有果實，因為結冰的關係，葉子變成了一串串甜美的葡

萄，有飽滿的有益健康的汁液。我摘下葡萄，送給
等待的人群。[14、15]

我們可以把積極想像實務當作趨近我們心理冰凍區的方
法，是透過個體化歷程達到自我療癒的過程。

＊　　＊　　＊

我們現在把時間往後拉。一九三五年。已經年逾六十的
榮格應邀在倫敦塔維斯托克中心發表六場演講，談的是心理
分析最重要的幾個議題。榮格向兩百多名醫生聽眾介紹他的
心理分析學幾大要點，同時闡明他理解心理結構和內容物的
模式，也描述了他個人在探索心理時採用的方法。

我將特別著重榮格的第五場演講，因為那一場的主題就
是積極想像。他主要著墨於該方法的實際層面，為了讓聽眾
了解，他說了一則故事：

我曾經替一位年輕藝術家作心理分析，他很
難理解什麼是積極想像。他做了各種嘗試，都徒勞
無功。（……）我無法形容他做的所有努力，但是
我可以告訴各位他最後成功地啟動了他的心理想像
力。我那時候住在城外，他必須搭火車來找我。火
車從一個小站出發，火車站牆上有一個廣告。他每

一次等火車的時候就盯著那幅廣告看。那是瑞士小山城米倫（Mürren）的觀光廣告，畫面中是五彩繽紛的西阿爾卑斯山脈，有瀑布，如茵草地，正中央是一座小山……，小山上有幾頭放牧的母牛。他坐在那裡對著這個畫面冥想，想的正是他不懂我口中的積極想像是怎麼回事。然後有一天他心想：「或許我可以試著對那幅廣告幻想，我可以想像自己身在那個畫面中，假裝那是真的。我可以漫步在小山上的母牛間，看著山的另一邊，或許會發現那座小山後面有什麼？」於是他到車站去，想像自己身處在那片風景中。他看見那片草地和一條路，他爬上小山，在母牛間兜轉，來到山頂他往下看，看見一片綠油油的斜坡、一排籬笆和一扇柵欄。他往下走，經過柵欄，發現一條山間小徑，繞著山谷而下，還有一座懸崖。在懸崖的另一邊有一座小禮拜堂，禮拜堂的門半掩。他心裡動念，真想去參觀那間小禮拜堂，於是他打開門，走了進去。在用鄉間鮮花裝飾的聖壇上，他看到一尊木刻的聖母像。他盯著聖母的臉看，這時候從聖壇後面冒出了一個耳朵尖尖的生物，他心想：「這太可笑了。」那一瞬間，幻想結束了。

　　年輕藝術家離開火車站的時候對自己說：「我

還是沒能搞清楚究竟什麼是積極想像。」然後突然間腦中閃過一個念頭：「說不定那個東西是真的。說不定轉眼就消失在聖母像後面的那個尖耳朵傢伙，剛才真的在那裡。」於是他想像自己回到車站，看著那幅廣告裡的風景，爬上小山。等他走到山頂，他自問會在山的另一邊看到什麼呢？然後他看到了那排籬笆，那扇柵欄和斜坡。他對自己說：「到目前為止一切都沒問題，都跟剛才一樣。」他在懸崖邊轉了一圈，看見那間禮拜堂。「禮拜堂也在，」他對自己說，「顯然不是幻覺。」他看到禮拜堂的門半掩，心裡很高興。猶豫了片刻之後他說：「等我打開門，會看見聖壇上的聖母像，那個尖耳朵的傢伙應該會在聖母像後面露出頭來，如果結果不是這樣，就表示這一切太荒謬了。」於是他打開門，看到……一切都在先前的位置上，而那個尖耳朵的傢伙跟之前一樣一閃而逝，他才真的說服了自己。他找到了鑰匙，從那一刻起他知道可以依賴自己的想像力，這才終於學會了運用想像力。[16]

榮格在同一場演講中特別強調了兩個很容易混淆的心理進程的基本差異，那就是「積極幻想（想像）」和「消極幻想（想像）」：

　　　　　　　　　積極想像：與無意識對話，活得更自在 ┼────

我比較喜歡「想像」這個詞，而非「幻想」，因為這兩者並不相同，早年的醫生說到「我們的志業」（opus nostrum）時，都知道應該要透過真實想像而非幻想以完成。換句話說，若要更明確地界定其定義，幻想是純粹的非現實，是幻覺的產物，是短暫印象，而想像則是積極的創造，有其目的性。我同樣也以此做為兩者之間的劃分。

　　幻想基本上是我們的發明物，停留在個人內容物和有意識期望的表面；而積極想像，由字面意義可知，所生成的意象有自己的自主生命，只要有意識的理性沒有介入，所有象徵性事件的發展都自有其一套邏輯。首先要做的，是必須專注在某個特定的元素上。我以我的自身經驗為例說給各位聽。我小時候有一位未婚的阿姨住在一個老房子裡，那棟老房子掛滿了色彩繽紛的美麗版畫，其中一幅是我外公的畫像。他在畫中打扮成主教模樣，穿著主教服光鮮亮麗地站在房子前的一個小小陽台上，陽台跟一道扶手梯相連，旁邊還有一條通往主教堂的小路。每個星期日早晨，我都會去那裡探望我阿姨，我跪在一張椅子上，看著那幅畫，直到外公走下樓梯為止。每一次我阿姨都說：「寶貝，沒有這回事，外公不會走路，他只能待在那上面。」但是我

知道我看到他走下來。

　　現在你們明白那個影像為什麼會開始移動了吧。同樣的，當你專注於一個內在畫面時，那個畫面會開始動，會增添細節，會展開。只不過你們每一次都不願相信，在心裡告訴自己那是你們創造的，那不過是你們自己的發明物。其實你們應該拋開這個疑惑，因為根本不需要懷疑。我們用有意識的大腦製造出來的東西並不多。我們要懂得將自己交給在我們的意識中消失的，也就是德文的 Einfälle（突發意念）。[17]

　　接下來的兩個案例，進一步具體而微地說明「積極想像」和「消極想像」之間的不同。第一個例子是一名接受心理分析的年輕女子的「消極想像」，第二則則是榮格在《紅書》〈重尋靈魂〉那一章中描述的積極想像。

　　　　　　　　　　　　　　　　　積極想像：與無意識對話，活得更自在

消極想像：魅力十足的男人

　　這陣子 F. 常覺得強烈的欲求不滿：在一天之中，得以短暫休息的時候，便躺在床上，閉上眼睛，腦海中浮現一名魅力十足的男人身影，非常性感。F. 發揮想像力跟那名男子陷入漫長而熱情的性愛關係中。

　　診療時，F. 陳述自身經驗，心理分析師請她再次跟那名男子的影像聯繫，不過這一次，要以直接的方式面對那名男子，由想像的對談開始：被詢問後，那名男子向 F. 表達了被捲入想像的激情性愛關係的不滿，覺得自己不受尊重。

　　這個想像的對談立刻讓 F. 察覺到自己的行為，並且讓她第一次有所意識：這名年輕女子想起了她因為沉浸在愉悅中不願中斷自己的想像，而且為了滿足自己的性欲，F. 並未尊重無意識傳送給她的畫面，錯過了接收並了解該訊息的機會。

　　診療中，心理分析師請 F. 思考如果在現實環境中，真的遇到了一如她想像中那樣極富吸引力的陌生男子，她會怎麼做。F. 回答說她會請男子介紹自己，之後評估進一步認識他、發展性愛關係的機會。

　　F. 意識到的是：發生的一切是由我為出發點和無意識想像之間的辯證關係界定的一次想像會晤，與為了減

緩內在緊張、以幻想方式滿足個人欲望的我的單方面需
求而生的消極想像，兩者之間的差別。

積極想像：榮格的「重尋靈魂」

　　當我在一九一三年十月看到洪水異象時，正好身處在對我個人極為重要的時刻。我當時四十歲，已經獲得了我想要的一切。我擁有名氣、權力、財富、知識和人類渴望的所有幸福。我內心追求物質的欲望不再高漲，少了欲望，我陷入恐慌。我被洪水異象淹沒，我感知到深處的靈，卻不了解他，但他逼迫我感受叫人難以承受的內心折磨，於是我說：「我的靈魂，你在哪裡？你聽得見我嗎？我在說話，我在呼喚你……，你在嗎？我回來了，我又回到這裡。我抖掉腳上不同國度的塵土來找你，我就在你身邊。經過多年漂泊，我回到你這裡。你想要我將所見、所活、所吸納的一切說給你聽嗎？還是你並不想聽生活和世界的那些噪音？可是有一件事你必須知道：我學會了一件事，那就是這個人生是值得活的。人生是一條道路，是尋覓多時，通往那不可知、而我們以神聖名之的一切的道路。沒有其他道路，所有其他道路都是錯誤的。我找到了正確的路，它帶我走向你，走向我的靈魂。回來的我已經過淬煉和淨化。你還認得我嗎？我們分開了那麼久！萬物皆已改變。我是如何找到你的？我的旅程真是太奇怪了！我要如何用文字來形容有一顆美好的星星帶領我走過怎樣的蜿蜒崎嶇小

徑才找到你？幾乎被遺忘的我的靈魂啊，給我你的手。再見到你我無限喜悅，喔長久以來不被承認的靈魂！人生將我重新帶回你身邊。我們要向人生道謝，因為我活過，活過那分分秒秒的寧靜與憂傷，所有喜悅與悲痛。我的靈魂，我應該與你一起繼續我的旅程。與你一起出發，攀上我的孤寂。

深處之靈逼迫我這麼說，而我這麼說的同時違背了我的意願，因為那出乎我意料之外。當時我仍完全受時代之靈禁錮，對人類靈魂有不同的想法。我常常思考並談論靈魂，我知道關於她的許多專門話語，我評斷她，把她當成科學物件。我以為我的靈魂可以是我評斷與知識的對象，其實我的評斷與知識才是我靈魂的對象。因此深處之靈強迫我與我的靈魂對話，把她當成獨立存在的生命。我必須明白我已經失去了我的靈魂。由此我們了解深處之靈對靈魂的看法：深處之靈把靈魂視為獨立存在的生命，時代之靈則相反，認為靈魂附屬於人類，可以接受評斷與分類，而且我們可以掌握其界限。我不得不接受，以前我稱之為靈魂的，其實根本不是我的靈魂，而是一個呆板的教義架構。因此我必須與我的靈魂對話，不過是把她當成遙遠未知的事物，她不是因為我而存在，是我因為她而存在。[18]

看完這兩個案例後，我們可以進一步定義何謂「消極想像」。

　　（是）比較表面的現象，（……）一種挫敗後的隱性補償。（它是）失調的因和果，是虛構的、不真實的慰藉，或許與佛洛伊德提出的欲望得到幻覺上的滿足相吻合。[19]

「真實想像」的特點在於我在意識和無意識遊戲中的積極參與和負責，而且是深層心理的純粹表態。唯有在意識學會跟無意識合作的那一刻，人格的和諧、平衡及創造作用才算完成。榮格是這麼說的：

　　（我們）全然依賴無意識的寬容合作，如果無意識拒絕合作，我們將無限失落。[20]

　　所以為了避免我們在無意識意象中徜徉的旅行走向「消極想像」而非「真實想像」的方向，最好遵照積極想像法的四個階段，謹慎行事，而且在剛開始練習的時候，要有一位熟悉積極想像法的榮格心理分析師從旁協助，評估積極想像者的心理動力平衡狀態。積極想像者的意識必須保持彈性以接納深層意象，同時要夠堅定才不會被深層意象的魅力左

右，要摒除成見才能轉換視角，而且要不離道德原則才能在面對探索時「站穩立場」。

在所有這些安全條件備齊的情況下做積極想像，完整捕捉來自無意識真實的「創意直覺」就變得更容易，也更順暢。

詹姆斯・希爾曼寫道：

> （⋯⋯）創意直覺會出現在探索的棘手邊緣地帶，在我們覺得特別敏感、無所遮掩且孤單的地方出現。為了與你相遇，我必須以身涉險。人被叫來赤身裸體接受試驗。比較保險的做法是獨自思索，而非與你面對面。即便是反思的心理學中最受青睞的──其目標不是愛，而是意識──「認識你自己」，對創造的心理學而言也是不夠的。不是要透過反思來「認識你自己」，而是「揭示你自己」，那宛如是一個愛的命令，因為唯有在我們的愛裡，我們才能揭示自己。[21]

從「揭示你自己」角度觀之，在深層想像之境旅行，除了讓我們自我揭示之外，還揭示了我們身處在有意識和無意識之間的「探索的棘手邊緣地帶」，[22] 在想像的地平線上我們的真實的所有向度，「大腦─心靈─身體」彼此交錯，形

成那獨一無二、無法複製的紋理，也就是我們，在我們存在的時時刻刻。

註釋

1　原註 29：亞歷山卓‧尤杜洛斯基，《心理魔法：令人驚惶的診療》（*Psicomagia. Una terapia panica*），Feltrinelli 出版社，米蘭，2001 年，p. 180-181。

2　原註 30：詹姆斯‧希爾曼（James Hillman），《重新設想心理學》（*Re-visione della psicologia*），Adelphi 出版社，米蘭，2000 年，p. 48。

3　原註 31：參見瑪塔‧提巴迪，〈強暴靈魂：積極想像案例〉（Raping the Soul. An Experience of Active Imagination），收錄於《毀滅與創造：個人與文化轉換。第十四屆分析心理學國際研討會論文集》（*Destruction and Creation: personal and cultural Transformations, Proceedings of the Fourteenth International Congress of Analytical Psychology*）（Mattoon A. 主編），Daimon Verlag 出版社，艾因西德倫（Einsiedeln），瑞士，1999 年，pp. 208-219。

4　原註 32：參見瑪塔‧提巴迪，〈榮格探索無意識：積極想像發的自傳性描述〉（Jung a confronto con l'inconscio. Una descrizione autobiografica del metodo dell'immaginazione attiva），收錄於《榮格研究期刊》（*Studi Junghiani*），2/1995，pp. 141-159。

5　譯註：〈超越功能〉（Transcendent function）一文完成於 1916 年，但直到 1957 年才公開了英文版，一年後出版德文版。

6　原註 33：榮格，《榮格自傳：回憶，夢，省思》（*Ricordi, sogni, riflessioni di C.G. Jung*），pp. 220-221。

7　原註 34：參見瑪麗–路薏絲‧馮‧法蘭茲，〈積極想像〉（L'immaginazione attiva），收錄於《心理分析期刊》（*Rivista di Psicologia Analitica*），17/1978，pp. 75-87。

8　原註 35：同前，pp. 75-76。

9　原註 36：同上。

10　原註 37：榮格，《神祕合體》（*Mysterium Coniunctionis*），《榮格全集》，第 14/2 卷，p. 496。

11　原註 38：阿米娜塔‧佛法納（Aminata Fofana），《月亮跟我走》（*La luna che mi seguiva*），Einaudi 出版社，都靈（Torino），2006 年，p. 73。另有透過「想像的幻覺之心」追尋自我之旅紀錄，參見卡拉‧斯托帕（Carla Stroppa）的

《森林之神與藍月：想像的幻覺之心》（*Il satiro e la luna blu. Nel cuore visionario dell'immaginazione*），Moretti & Vitali 出版社，貝加摩（Bergamo），2010 年。

12　原註 39：格林兄弟（Brüder Grimm），《童話故事集：卡爾維諾精選推薦》（*Fiabe. Scelte e presentate da Italo Calvino*），Einaudi 出版社，都靈，1970 年，p. 434。

13　原註 40：蕾拉‧貝洛奇歐（Lella Ravasi Bellocchio），《命運：從童話角度談自閉症》（*Come il destino. Lo sguardo della fiaba sull'esperienza autistica*），Cortina 出版社，米蘭，1999 年，p. 12。

14　原註 41：榮格，《紅書》（*Il libro rosso*），p. 231。

15　編註：譯文參照《紅書》中文版，兩書原文有出入處遵照本書義大利文版。全書同。

16　原註 42：榮格，《心理分析學基礎》（*Fondamenti della psicologia analitica*），收錄於《榮格全集》（Opere），第 15 卷，pp. 174-175。

17　原註 43：同上，p. 176。

18　原註 44：榮格，《紅書》，p. 231-232。

19　原註 45：伊諾錢茲（Roberto Innocenzi），《積極想像》（*Immaginazione attiva*），Melusina 出版社，羅馬，1991 年，p. 64。

20　原註 46：榮格，《心理分析學基礎》（*Fondamenti della psicologia analitica*），收錄於《榮格全集》（Opere），第 15 卷，pp. 177。

21　原註 47：詹姆斯‧希爾曼，《藍火》（*Fuochi blu*, Moore T. 編輯），Adelphi 出版社，米蘭，1996 年，p. 411。

22　原註 48：關於這個議題，請參見卡拉‧斯托帕的《門後的光：靈魂劇場的神祇與繆思女神》（*La luce oltre la porta. Dei e muse nel teatro dell'anima*），Moretti & Vitali 出版社，貝加摩，2007 年。

心中的風景、植物、動物和人物

心靈不在我們之中,是我們在心靈之中。心
靈無所不在,心靈將我們團團包圍。他不是
西方的,也不是東方的。他是普世的。心靈
為一體,對動物、植物、石頭和人皆然。萬
事萬物乃同一心靈。

提茲亞諾·特爾札尼 [1]

心中的風景與植物

　　要啟動積極想像，必須進入一個自我反思境界，專注觀察來自內在世界的情緒刺激，將其個人化，然後漸漸形成一個自發影像。這時候就可以開始以積極並直接的方式，透過不折不扣的口頭對話來面對浮現的意象。

　　不過，雖然乍看之下這個過程似乎很簡單，事實上未必每次都是如此。即使對強烈刺激專注觀察，也有可能不會浮現任何自發影像，而積極想像者會處於「原料」匱乏狀態，而無法繼續進行。該怎麼辦嗎？重要的是不要灰心喪志，因為還有其他方法。

　　面對這類情況，榮格建議尋求他所說的「外力輔助」，也就是現成可供我們取用的無意識意象，例如我們夢中的畫面。

　　即便尋求「外力輔助」，流程也是一樣的：將專心關注夢中畫面，等待它活過來，當畫面有了生命，讓它隨其內在邏輯生長發展，然後進入夢中場景，變成夢境戲劇化的積極部分，之後再決定以怎樣的立場面對它。

　　積極參與夢境戲劇化的可能性，是二○一○年夏天任職美國新墨西哥州阿布奎基邁（Albuquerque）蒙尼德睡眠藝術與科學診所睡眠與人類健康研究中心（Maimonides Sleep Arts and Sciences, PTSD Sleep Clinic）的惡夢研究專家巴利・柯拉

　　　　　　　　　　積極想像：與無意識對話，活得更自在

寇（Barry Krakow）提出的概念。他的治療法是將作夢時的駭人意象刪除。也就是在清醒狀態想像同樣的夢境內容，但是將惡夢中所有負面和暴力的面向都刪除掉，只保留正面的。這個應用在「清醒病患」身上的技巧被稱為「夢境編寫」（Scripting）或「夢境掌控」（Dream Mastery），是意象排演療法（Image Rehearsal Therapy，IRT）的一環，這是巴利·柯拉寇跟其他人共同首創的夢魘療法。[2]

泰瑞莎·德·齊克（Teresa L. De Cicco）的「冥想重返法」（meditative re-entry，透過冥想重返夢境）也很有趣[3]：這個先進療法是直接跟無意識意象面對面，「透過熟練的視覺想像，讓作夢者進入此一狀態。這個方法（……）可當作解夢過程的最後一個步驟，透過夢做深層心理分析」[4]。

下一個積極想像案例將說明夢中意象如何啟動想像經驗，是一名有婚姻問題的女子所做的積極想像，她的想像來自於觀察夢中那位「遠方的男子」。就意識層面來看，這名女子想要探索的是與丈夫分手的可能性。

以內心話重新界定感情問題：荒蕪大地

夢中：

　　我環顧四週，大地一片荒蕪。地面乾涸堅硬。景色沒有任何賞心悅目宜人之處。在夢裡我知道我是我，但同時我也是那即將要播在地上的種子。我看著那荒蕪大地上的裂縫，自問要在那樣的地方生根發芽應該是不可能的任務吧。或許土地需要雨水滋潤，但是雨水也會讓大地泥濘不堪。我願開墾那片土地，但又懷疑是否值得。最讓我猶豫的是自己有沒有意願投入如此辛苦的工作。我看見遠方有一名男子，或許是農夫……，然後我就醒了……。

積極想像：

　　我清醒地走向那名夢中的男子，我開口跟他說話，向他打招呼。我問他對那片土地的看法：

　　「我想聽聽你的意見，」我對他說。「這片土地如此荒蕪，地面乾涸堅硬，能耕種，能收割嗎？」

　　農夫搖搖頭：

　　「這片土地很難，不過要看你有多少力氣，願意花多少力氣。老實說，要在這樣的土壤上耕種很辛苦，但是如果你有意願也有力氣，那麼它就會讓你有所收

積極想像：與無意識對話，活得更自在

穫。」

　　「我已經投注了很多心力……，」我回答他說。「我想試試看，至少不要白白浪費了我之前的付出……。或許以為可以在這樣的土壤上耕種，從一開始就是個錯誤？」

　　「錯誤？不，不是錯誤，」那名農夫回答我。「耕種永遠沒有錯，即便那土壤不適合耕種。我的意思只是，這片土地不是很肥沃。」

　　我們如果稍作停留，觀察這第一個心理風景的特色，肯定會注意到這裡是蒼涼的不毛之地，土壤乾涸堅硬。周遭環境毫無宜人之處，給人的感覺很不舒服、很難受，很不自在。

　　蘇黎世榮格學會會長古根包爾 - 克雷格（Adolf Guggenbuhl-Craig）深入研究過這個心理風景，稱之為「心靈沙漠」。他認為關於這個風景的描述符合「行動不良的愛神」心理特質，也就是情感投入有障礙，而且有某種「道德無感」問題。「心靈沙漠」會賦予人格中的「精神病態核心」象徵形式，而這樣的心理核心是「某個東西匱乏」或是「某個東西發展不全」：

從心理學角度來看，精神病態代表的是我們人類境況的一個邊緣地帶。唯有在這個邊界地區遊走，才能辨識出我們基礎人文地理學的特色何在。（……）精神病患者的「愛神匱乏」往往會表現在人際關係困難上。（……）長時間跟精神病患者往來後會發現他幾乎永遠一成不變。可以對他進行心理治療或心理分析（最好不要決定採用何種療法），可以跟他結婚，但是不會有任何進展，也不會有任何變化。（……）精神病患者的心理似乎完全停滯不動。而精神病患者自身、他的人際關係、他與世界的關係，永遠維持原狀。[5]

　　榮格在《紅書》中也談及沙漠這個心理意象，以及慢慢成形的情感體驗，同時展露出一道希望曙光：

　　第六夜。我的靈魂帶我進入沙漠，我的自我的沙漠。我沒有想到我的自我是一片沙漠，荒涼炎熱的沙漠，塵土滾滾，無法安歇。走過炙熱的沙地，步伐緩慢，步步深陷，這趟沒有明確目標的旅行，帶領我走向希望。這片荒原是多麼可怕啊！我覺得這條路遠離了人類。我經歷我的人生，一步又一步，不知道這趟旅程要走多久。[6]

　　　　　　　　積極想像：與無意識對話，活得更自在

可想而知，我們想像的心理風景不會在沙漠或不毛之地枯竭，這些心理風景可以是「綠地」，充滿各種植物。

舉例來說，最常出現的綠色意象是樹，這個意象會展現出各種姿態：

一棵沒有葉子的樹。看到這棵樹讓我氣憤難耐，因為樹沒有葉子，我就看不到葉子才能耍弄的光影遊戲。我喜歡那遊戲，能讓我放鬆。沒有葉子的樹讓我沮喪、提不起精神。

我看著那棵樹，他開始對我說話，我聽他說話：

「我的枝椏沒有葉子是因為現在是秋天。等到了春天就會恢復枝葉繁茂……，你要記得，要等待……。」

我聽著樹這麼對我說，突然間我意識到自己的不悅，還有我自以為是的愚蠢。我如果從樹的角度看事情，就會知道春天早晚會來，要有信心等待……。此刻光禿禿的枝椏只是暫時的，屬於一個循環週期……。

樹的意象常常跟修剪樹木的意象一起出現，呈現的是我們某種深層的獻祭需求。有些「心理枝椏」應該被修剪，才能讓內在有機會更新。下一個積極想像案例描述的就是想像者在做這類想像時的情感意涵。

「獻祭不是毀滅」[7]：心中的春天

沒有枝椏的樹。枝椏全部被修剪一空，冬天到來時都會這樣，只留下樹幹，彷彿樹已死去。

我覺得自己跟樹一樣，光禿禿的，只有軀幹。我看著讓我震驚不已的那個樹的畫面，之所以如此，是因為它被修剪過。等到了春天便會冒出新芽，枝椏會重新生長，恢復生命。

「你要有耐心，」一個聲音對我說。「這是你的冬天，是四季中最漫長、最辛苦的季節。但是冬天裡有春天。你要有信心。春天會帶來綠葉、枝椏和生命……。」

我回答道：「問題就在於不用看、不用摸依然相信，不能跟聖多馬[8]一樣。基督說，不用看、不用摸就信的人有福了，因為信的那人如同冬天的樹，心中已有春天。那麼我們為什麼沒有四季的記憶？」我開口問。

「我們的記憶和視野短淺，」那個聲音回答我。「我們忘記了大自然的循環週期和教誨，我們心中明明知道春天會回來，只是忘記了。春天已經在心裡。」

「現在我看見長滿新葉和粉紅色小花的樹，」我很詫異。「只是似乎很遙遠，跟我之前看到那棵被修剪得光禿禿的樹很不一樣。」

積極想像：與無意識對話，活得更自在

> 「要有信心，並且記住：春天已經在心裡。」

　　在我們的積極想像裡有了具體形式的綠色，可能跟本性、甚或是靈性的心理經驗有關。莫瑞·史丹（Murray Stein）在談榮格個體化歷程的一本書中 [9、10] 就曾以榮格在一九三九年的一次幻視為例，當時年約六十五歲的榮格看見了基督，而基督的身體是「綠色」黃金而做。榮格詮釋自己所見是提醒自己省思「把基督和非真菌的金元素及煉金術士的鉻綠類比在一起」[11] 這件事，由於這個影像，榮格領會到自己擁有的是「基督的煉金術幻視」。

　　莫瑞·史丹論及榮格這個幻視時，特別強調其個體化面向：

　　　　對榮格來說，綠色基督的幻視象徵著對精神界與生命界分裂的療癒，這種分裂已經造成他生命的災難，也造成他父親及其他基督教祖先生命的困擾。在這個幻視當中，自然的精神力量和天父之子匯聚在一個意象之中。天父和地母正在融合並協力合作。[12]

　　我們通常會說植物意象是邀請我們思索心中大自然面向

的功能與特質，以突顯出在傳統和情緒之間尋求更佳平衡的必要性，也就是讓我們思考自身更簡單完整的生存模式。

我們可以繼續看下一個積極想像案例，想像者的刺激來源是一幅畫中的花草圖像。這個積極想像是以第三人稱描述，使用的技巧是「雙重客體化」[13]：我跟無意識畫面對話最初是以直接方式進行，第二次則被客體化，改以間接方式記錄。

「雙重客體化」技巧可以清楚呈現完整人格的動力，凸顯的不只是我和無意識畫面之間的交流，還有自我情結的運作及關係風格。讓意識遠離自我情結，也讓我的情結遠離自性圖像，正好可以提供不同於一般的雙重觀點，有助於自覺之擴大和假想的我之創造，這是積極且自覺地調節心中有意識與無意識內容的特殊方法。這個方法以創造性模式參與個體化歷程，直到極限，以感知自身，如同諸多意象中的一個意象。

詹姆斯‧希爾曼寫道：

假想的我在黑暗中悠然自得，在諸多意象中遊走彷彿其中一員。（……）假想的我意識到那些意象不是他的，在夢中，就連他的自我身體、他的自我感情和他的自我行為都屬於夢中意象。因此，在教導我如何作夢的時候，首先要做的是讓他知道他

積極想像：與無意識對話，活得更自在

也是一個意象。[14、15]

　　然而，大家習慣將意識和自我情結視為同一現實，沒有將二者區分開來，而回顧榮格的學說，他認為「意識的功能或作用是維持心理內容跟我之間的關係」，希爾曼對此寫道：

　　　　就歷史角度觀之，西方傳統的確將我與意識畫上等號，這個等號在十九世紀的心理學和精神醫學又具體地被公式化。不過榮格這部分的思想還勉強能夠跟他的心理現實和以治療為目的所提出的心理意識概念吻合。能夠促成療癒的是原型意識（……），而這個意識概念顯然不以我為本（……）。榮格的所有論述都是遠離我，走向放大意識，在其他的支配心靈裡擴散開來，使其開始省思。[16]

　　「我積極且自覺地調節心中有意識與無意識的內容」和「意識的功能或作用是維持心理內容跟我之間的關係」這兩個概念，因為「雙重客體化」而得以彰顯，而這兩個概念也是接下來這個案例的心理背景。

外力介入的積極想像：花和草

　　女子回到家中，心神不寧。她剛看完一個畫展，她知道那個畫家，向來很欣賞他的作品，而且她還知道那個畫家的死是一場悲劇。

　　在所有看過的畫中，有一幅格外吸引她的注意。那幅畫很小，掛的位置偏低，在第二個展覽室的右邊牆面上。

　　她不知道自己為什麼會惶惶不安。

　　法國知名視覺藝術家尚 - 皮耶・維利（Jean-Pierre Velly）的畫她並沒有特別喜歡，看起來太戲劇化。但是那一幅小畫，掛在不起眼的地方，卻是如此靜謐，令人詫異。

　　她已經回到家裡，卻始終無法忘記。

　　她愣了一會兒，然後脫鞋，在沙發上躺下來。

　　那幅畫的畫面出現在她眼前，向她迎面而來，或許有話要對她說。

　　那瞬間她想起了她那幾天的煎熬難受。

　　她拋開雜念，看著那個畫面，決定開口發問。她知道該怎麼做，那不是她第一次跟強迫她注意的意象說話。

　　「花和草，」她開口道。「你們跟我說話吧。跟我

說說你們的平靜和我的不安。」

那草一聽到她的問題，就毫不遲疑地回答道：

「你想一想，你思考一下，」草開始說話。「從我們的觀點出發。我們觀看但保持靜默，我們看但我們不開口說話。

你看看人類是怎麼對待我們的：

有人對我們視而不見；

有人看見我們，但無所謂；

有人看見我們，喜歡我們，但是靠得太近；

有人看見我們，喜歡我們，但是靠得太近，傷害我們。

不管如何，你要知道，大多數情況我們還是被忽視的。許多你的同類沒有任何感知能力，有的則意識到我們的存在。可是對大多數人類而言，花花草草根本就不存在。

藝術家的功勞在於喚起心不在焉、沒有意識的人的注意力，讓他們的眼睛看見錯過的，讓他們的視線停留在我們身上。藝術家用他的作品逼得人類不得不觀看我們，而且看見，讓我們在你們的眼中有了能見度，讓你們看見我們的不同之處。藝術家是我們的朋友。」

「你想跟我說什麼？」她打斷他的話。「你是想告訴我說我沒看見某個東西？」

花冷冰冰地接著往下說：

「你剛才說：我的不安，我的不安！那我們問你：你究竟對什麼不安？

你想想看：我們的存在與世無爭，即便沒有人看見我們或重視我們。你從我們的觀點出發：沒有被看見對我們而言並沒有任何損失，是看不見我們的人失去了看見我們的機會。我們並未因此而不同，我們的存在沒有任何改變。你要從花和草身上學會平靜的祕訣。我們的祕訣就是以不變應萬變。」

她語氣微慍回答說：

「你們說的我不愛聽，我一點都不愛聽。我不喜歡你們的生活方式。我不喜歡活著卻沒有人看見。不行，那對我而言是不夠的，我不能這樣活。我不想跟你們一樣遺世而居，我要我的存在是鮮明的，別人是有所感的。」

花平靜地說：

「那麼你應該看著他方。你該看著動物，向他們學習。我們的平靜來自於不變與不動。我們靜止不動，而且不在乎是否被看見。我們跟你說過，損失的是看不見我們的人。老實說，真正讓我們不舒服的是那些沒有跟我們保持距離，或是會傷害我們的人。你看看動物：牠們會動，會吸引別人的注意力，會讓自己被看見。那

是愛的法則。但是你要知道，要受到別人的關注，必須奮戰，必須競爭。雌獸會選擇最張揚、最勇敢、最強健的雄獸。雄獸要彰顯自己的價值，才有條件得到雌獸青睞。你想想看，你是被我們的平靜打動，不是被動物的迅捷打動。打動你的是平靜的祥和，是不動。」

她更冷靜了。

「沒錯，可是我有了其他想法。我之所以問你們，是因為我想知道你們如此平靜的祕訣。但是如今我發現我不想聽你們的。我關心的是別的事，是我的不安讓我心不在焉。」

（……）草回答說：

「你的雜念讓你遠離了我們的平靜。你聽不進我們說的話。人類如果不自知，不會比較高等。沒有花草的平靜和動物的良好律動，人類的生活會一團混亂。但是你充耳不聞。你聽見了沒有？以不變應萬變，還有良好律動。你要向花學習，要向動物學習。身為人要這樣做，而且這樣做還不夠。我們將我們和動物的祕密告訴了你。你如果不懂得聆聽，那麼你的任務就是找到能讓人能夠被稱之為『人』的方法。（……）人除了像植物、像動物之外，還要有別的。我們言盡於此，你要自己找答案。

最後一件事：如果我們的意象讓你覺得平靜，請別

忘記我們，別讓你的思緒和情緒將你帶離。你要養成花的不變。我們的平靜與美超越了不解，超越了冷漠，超越了騷亂不安。你要學學我們。」

女子因為胡思亂想而開始分心，再也聽不下去。雖然聽見了花說的話，但是她的心不在。畫面漸漸淡去，讓她感受到的那份平和情緒也隨之消失。

花和草不再說話。[17]

心中的動物

想當然耳，深層想像之境的特性不僅在於「綠色」風景、樹木花草，還有各式各樣的動物。這些意象是我們本能、體能和宇宙動力的具象表現。

自性往往是以某種動物為象徵，代表我們的本能，以及本能和外在環境的關係（所以在神話和童話中，會看見許多良善的動物）。這個與周遭環境和宇宙的自性關係，很可能源自於我們心理的「天然原子」與整體世界有某種內在連結，與外在世界是如此，與內在世界亦然。[18]

希爾曼認為深層心理學肩負特殊責任，必須聆聽動物的意象，因為心理上動物化身代表的是一個象徵的起源體系。所以在我們的夢中和積極想像中若遇見動物意象，應該認真觀察，專注聆聽，努力擷取他們在那一刻想要傳遞給我們的情緒訊息：

> 如果我們對動物意象，以及動物在我們靈魂中的行為表現覺得陌生，我們要如何理解作為人的自己？[19]

從情緒觀點出發，深層的動物意象呈現的是各式各樣的經驗——一個動物代表一種經驗，每一個動物都有自己獨一無二的特質——有助於意識和生物學家保羅·雪帕（Paul Shepard）口中的「心靈方舟」結合。「（……）這是動物力依然存在，而且持續以心靈初始原料再造動物力的生機勃勃的心理區域。」[20]

我們接著來看一位病患做的夢，在夢中有一隻黑色的小狗，後來小狗的毛皮變成了米白色。就想像者的情緒經驗而言，這個顏色的改變象徵他從灰暗的心理狀態，轉換成向更教人安心、更明亮的自身內在核心靠攏：

> 我夢到一隻小狗，剛開始他的毛皮顏色是藍黑色，後來

顏色變了，變成米白色。在夢中這個顏色變化讓我感受到截然不同的情緒。剛開始那隻狗令我害怕，後來那隻狗讓我覺得安心。

馮‧法蘭茲在接受佛萊澤‧博雅（Fraser Boa）採訪時，這位榮格最有名的女弟子說：

> 狗是冥界唯一可靠的導遊。至於在夢的世界裡，帶領無意識的是上帝。[21]

馮‧法蘭茲還論及另一名病患做的夢，在夢中「有一隻小狗，小狗的毛皮是黃褐色的，眼睛則是金黃色的」[22]。她特別強調金黃色與長生不老的關係：

> 黃金是古人唯一承認不會變質、也不會被酸性腐蝕的金屬。（……）所以，黃金指涉的始終是長生不老、永生和最高價值之本質。[23]

我們接下來要看的兩個積極想像案例中出現了另外兩個動物意象，一個是大象，另一個是史芬克斯。

想像大象的是一名年輕學生，常常心情低落，但是無法解釋負面情緒從何而來。積極想像揭露的是他的內在對無

意識領域十分陌生。大象意象是邀請想像者認識深層心理需求，同時整合深層心理需求，特別是憤怒情緒，以避免具破壞力的失衡狀態出現。

心理分析師尼爾・羅塞克（Neil Russack）在他討論動物心理的書中對大象的象徵意義有如下分析：

> 大象以其龐大體型體現已知與未知之間的辯證（……）。自然與超自然這個對立組合顯然是大象的生理特質之一：龐大的身軀內容納了這個世界的各種感知，而晃來晃去的長鼻子則似乎是透過奇妙的直覺在運作。[24]

在第二則積極想像案例中出現的是史芬克斯。神話中人面獅身的史芬克斯會攔下路人，讓他們猜謎語，猜錯的人就會被他吃掉。史芬克斯意象讓人立刻聯想到的是原型概念，事實上在這個案例中指的是人格特質，跟想像者的童年經驗有關：史芬克斯是由原生家庭認知蒙蔽（假謎題）而來的「虛構」意象。

當意識不認識無意識：發狂的大象

發狂的大象。

「你是誰？」我戰戰兢兢地問他。

「我是從遠方來的大象，已經好幾百歲了。」

「你在生我的氣？」

「我沒有生你的氣，但是你得知道，我需要被尊重，我出現大家應該要對我的出現感到敬畏。你知道大象發狂是怎麼回事嗎？」

「不，我不知道。」

「當大象站起來開始狂奔，無論人或物都會被他撞翻，他的重量會摧毀碰觸的一切。大象是很溫和的動物，但是一旦發狂就很可怕。」

原型動物的假意象：史芬克斯

　　我看見一隻鳥的意象，他的身體是鳥，但脖子是一根棍子，棍子上是小小的人頭。那張臉讓我想起一個我認識的人，我嚇壞了，一點都不想看那個意象。我想趕走那隻鳥，可是我怕他會吐出蛇信攻擊我。我跟他保持安全距離，仔細觀察之後發現那隻鳥的頭是假的，是接上去的。雖然他的身體會動，但是看起來很像一尊戲偶。「那是一隻鳥嗎？」我問我自己。我再仔細看，發現他真的是一個戲偶。我靠近他，抓住他的頭，從脖子上扭下來。我從頭的下方往上看，再抓住他的身體轉來轉去看，發現那是塑膠做的，十分粗製濫造。

　　「有人故意拿這隻鳥嚇我？」我問我自己。「是誰幹的好事？」

　　沒有人回答，但我隨即想起了這幾天我正在看的一個故事，那是一個驚慌失措的小朋友的故事，他沒有媽媽，住在一個很糟糕的房子裡。

心中的人物

在我們討論過風景、植物和假想動物後，接下來要談談在心靈世界中常常可見的人物意象。不管是認識或不認識的，是真人或是原型，這些人物不但讓我們看見我們的內在世界，而且還描述內在世界的各種關係。

下一個積極想像案例完整展現了一名年輕女子的「心靈劇場」，她對自己的生命極為不滿，卻又無法以言語表達。在一次診療過程中，她自發地看見了一個劇場意象，而且還有一名導演在執導。這名病患「走進」那個意象裡展開一段對話，由此釐清了自己內在世界的狀態：她的心理劇場有太多無用的冗員，所以要將有品質的作品搬上舞台困難重重。若想完成一個好作品，導演必須辭退派不上用場的演員，而且要對自己的能力多一點信心。

紛擾不斷的一幕：組織紊亂的劇場

劇場一片昏暗，燈滅了，我不知道那一刻有多少演員、哪些演員在場。導演六神無主在劇場裡走來走去。我打電話給她。

病患：

「喂？您好。我想請問您劇場的事。我想了解現在的情況，誰在劇場，有什麼計畫，劇場經理是哪一位？」

導演：

「我們現在正在裝台，這場表演我們雇用了碰到的每一個人員。我們這樣做是因為我們認為不應該放棄任何人。演員狀況很差，但他們每個人都很需要工作。」

病患（既詫異又擔心）：

「所以在挑演員的時候沒有任何標準可言？」

導演：

「沒有。劇場經理是共產黨員，他要求我們錄用所有演員，不得有任何歧視。」

病患（十分焦慮）：

「不挑演員，怎麼有辦法工作？」

導演（置身事外，態度冷漠）：

「我也不知道該怎麼說。經理告訴我以我的條件，

能夠有工作，還當上導演，就應該知足了。要不是有他給我這個工作機會，根本沒有人會要我。我的資歷明顯不足，並不是什麼了不起的導演。」

在這個想像結束後，病患說導演和演員之間的關係讓他想起了不久前在電視上看的一部電影：電影中的男主角娶了一名富家女，家裡有很多傭人，但是這些傭人並不適任他們被指派的工作，他們彼此互通聲息，虧空了很多錢，在家裡製造了很多問題，也讓女主人無所適從。女主人的先生是一個很果斷的人，他辭退了虛與委蛇、亂花錢的傭人，在那之後整個家開始運作得宜，錢都花在該花的地方，女主人很滿意。

關於人這個意象，榮格認為在我們夢境中或積極想像中出現的每一個人物，即便是與個人經驗有關，也內含古老、深層的心理基質：「兩百萬歲之古人」，是「保留在我們心中不曾遺忘的古老智慧」[25]。那是原始智慧、無意識本能的原型基質，在我們心靈深處十分活躍，但我們常常無所察覺：

根據最近做的心理分析來看，我們主要遇到的困難都來自於我們跟本能失去了連結，也跟保留在

我們心中不曾遺忘的古老智慧失去了連結。

我們該從何著手，重新跟我們心中的這位古人聯繫上呢？要去夢裡尋找。夢是無意識的清晰體現，代表的是人類史和我們現今面臨的外在問題的交會點。在睡夢中，我們向這位有兩百萬歲的老者詢問，我們每一個人都是他的代言人。我們會在幻想中跟他一起碰撞出其他火花。所以我總是要求我的病患描述他們的夢境。通常夢會向病患指出他作為個體應該走的路。[26]

在後榮格時代，安東尼・史蒂芬斯（Anthony Stevens）深入研究了「兩百萬歲的自性」這個意象，就分析心理學、人類學、行為生物學、夢境心理學、語言心理學、精神醫學及療法之間的關係進行分析，凸顯了我和這個原型意象的意識關係在整體人格實踐上的重要性：

我認為我們的任務是要擴大榮格研究，要做到能夠合理確認我們的原型潛能可能的基本參數有哪些，以及要讓這個潛能得以發揮得淋漓盡致（或按照榮格說法，讓個體化得以完成），必須有怎樣的環境和社會條件。為了達到這個目標，我們必須從其他學科收集證據。令人覺得弔詭又諷刺的是，對

榮格原型理論最強而有力的科學背書來自於一個令
人意想不到的領域：行為生物學，也就是大家所說
的動物行為學。是時候該向這個領域取經了。[27]

　　下一個積極想像案例中，我們看到的是《海上之王》[28]
原型人物，他打謎語似的談話內容讓想像者情緒波動不安，
並且立即產生排斥。

　　第二個案例是另一個原型人物，馳騁在草原上的印地安
人風之精靈。將此意象視覺化的年輕人透過意象與內心一個
神祕而令人不安的人物有了接觸。在這個案例裡，想像者也
同樣被激起了防衛反應，阻擋了之後探索假象意象的所有可
能。

原型意象：海上之王

我看見海上之王朝我走來。我問他：

「海上之王，你為何對我現身？」

海上之王回答道：「你看清楚，聽清楚了：當海面出現暴風雨，海底深處一片寧靜。」

「你為什麼要告訴我這個？」我問他。「你說的話跟我有什麼關係？」

海上之王沒有回答。

「海上之王，我為什麼要怕暴風雨？」我追問。

他說：「當你在海平面上，你以為無法逃離驚濤駭浪，你以為你必須逆來順受。是你自己緊抓著無法逃離的焦慮不放。」

「沒錯，」我說。「我如果從你的角度觀察暴風雨，暴風雨似乎沒有那麼完整，那麼不可能超越……」

「你換個地方，到海底去。不過你得記得改變呼吸的方式，不能用鼻子和肺，得做深層呼吸，生存基本的那種呼吸。」

「（我感覺驚慌失措）……我沒辦法問你那是怎麼回事……，我最多只能做到這樣……，我害怕，我要回到海面上去……。」

「好吧，但是你千萬記得，這是唯一出路……。」

有趣的是，這個積極想像的內容，和美國精神醫學教授丹尼爾・席格（Daniel J. Siegel）為了讓病患加強反思意識建議他們做的冥想訓練部分相吻合：

　　心靈如同一片海洋。在海洋深處，在海平面下，大海平和清澈。不用在意海平面是什麼狀況，是風平浪靜，是漣漪微動，還是狂風巨浪，海底總是平靜祥和。你可以從海底望向海平面，看看上面發生什麼事，正如同你也可以從你的心靈深處望向起伏不定的波浪，望向腦波，望向你心靈的表面，望向所有心靈活動，包括思緒、情感、感覺和記憶。[29]

　　　　　　　　　　　　　　積極想像：與無意識對話，活得更自在 ├─────

另一個原型意象：風之精靈

我看著窗外的風。那是美洲印第安人的精靈，一邊吹拂一邊清掃大地，將所有不堪一擊的都帶走，留下來矗立原地的是堅毅不搖、深深扎根在土地裡的。

在我看著風的時候下起了雨。那是從天而降的淚珠。

我聽到一個聲音，上帝的聲音：「那不是你的淚珠。」祂這麼對我說。

於是我不肯再往前進，我聽到我心裡有另外一個聲音對我說：「你在幹什麼，你做這些分析有什麼用？」

在中斷這個體驗之前，在我眼前出現了另外兩個意象：圖騰和十字，不管是圖騰或十字都牢牢地釘在地上。

*　　*　　*

即便這些人物意象可以連接到個人經驗，他們的根都深深地植入了「上百萬年的人類」原型意象中。這個原型在與陽性無意識和陰性無意識個人化，也就是阿尼姆斯和阿尼瑪原型意象相遇的時候，會變得格外明顯。

對榮格而言，阿尼姆斯和阿尼瑪是與性別相異的心理意

象，存在於男人與女人的無意識心理中。阿尼瑪是男性的女性內在意象，阿尼姆斯是女性心理的男性意象。這兩個對立的心理之間的動力在男性和女性的內在及外在關係上扮演極為重要的角色。

　　下一個積極想像案例描述的是讓阿尼姆斯和阿尼瑪原型意象現形的心理狀態。那是一次自發的想像，以書寫方式呈現，在凌晨破曉時分出現在這位女性想像者的意識中，那個時間點正好是半夢半醒之間，深層暗示特別豐富。清晨是睡眠階段快速動眼期（Rapid Eye Movements，REM）持續最久的時候，這個時候夢的強度和活躍度都偏高。

男女組合的原型動力：蒙達奇諾公主

很久很久以前有一個公主，即將要加冕為女王。她住在一個風光明媚的美麗國度裡，那裡陽光普照，美酒無限暢飲。在這個故事裡，公主每天都在思索她即將面臨的重責大任，為自己的國家勾勒偉大藍圖。有一天，她一如往常在城中散步結束後，步出城牆外，好看看屬於她的綿延國土。

她走出城門，環顧四週，繼續走了很久，最後來到一座小樹林附近。樹林外有一位氣質高雅大方，但是衣衫襤褸、面露疲態的年輕人躺在草地上。

她心中小鹿亂撞。

「你好，陌生人。」公主說。「我不知道你是誰，但是你看起來很疲累，或許是因為漫漫旅途，或許你是從我不知道的戰場歸來。請你來我的城裡梳洗、薰香、更換衣服，我會在宴會大廳等你，與你一起用餐。」

陌生男子不解地看著公主。她的邀請很親切，她長得很美麗，「怎麼會想要跟我待在一起」，男子心中充滿疑惑。他們進了城，公主走在右邊，往自己的房間方向去，男子走在左邊。

過了一會兒，他們在宴會大廳碰頭，那裡布置得美輪美奐，還有各種珍饌美食。

「請坐，這位先生，請盡情享用這個宴會大廳中為你準備的所有美食。這裡竭誠地歡迎你，我理應待你如上賓。」公主對他這麼說。這位身分不明的王子——其實陌生男子是被下了魔咒的王子——因為被魔法禁錮了他的心，所以聽不見公主說的話，突然發狂砸毀了裝著食物的黃金和白銀托盤，東西灑了一地。

　　公主不發一語看著他，沉默片刻後說：「陌生人，我發現你的心背叛了你。我對你以禮相待，而你卻對著豐盛食物發脾氣。與其讓我的侍衛將你趕出城，在你背後關上城門，不如你自行離去，離開這個剛剛被你用怒氣玷汙的友誼之廳。不過，我看得很清楚，你的心有一部分被敵意占據，所以我想送你一份禮物。請你收下這面黃金鏡，這是一面魔鏡。雖然看起來照得不太清楚，但是你可以在鏡中找到那躲藏起來的意象，這面鏡子會為你指引命運之路。去吧，去尋找那個意象吧。如果它把你帶回這裡，那麼我此刻慎重發誓，我將是你的新娘，而你將是這個國度的王。去吧，這是我愛的承諾。」[30]

　　我們剛剛看完的這個案例，揭開了美國心理治療師湯瑪斯·摩爾（Thomas Moore）說我們的心理是「原始物質、未

經雕琢的原料和煉金原料」的面紗：

> 所有的靈魂物質，包括性欲元素在內，剛開
> 始通常看起來像是原始物質、未經雕琢的原料和煉
> 金原料。我們的文化職責是想辦法讓這個未經雕琢
> 的原料有安居之所，讓他找到一個家，並確認他在
> 我們的現居地內在有棲身處。這個工作類似為神祇
> 建立一座聖壇，或為神靈建造一座廟宇。這個做法
> 在十五世紀的歐洲十分普遍，之所以這麼做是因為
> 如果沒有一個實質的家，一個在文化脈絡中有所依
> 歸的家，這些神靈會胡作非為，製造各式各樣的麻
> 煩。[31]

這樣的心靈交會，如猶太宗教哲學家馬丁・布伯
（Martin Buber）所言，內含「一個祕密意涵」可以療癒我
們的靈魂：

> 我們生命歷程中的每一個交會，無論是與人或
> 與物的交會，都具有某個祕密意涵。與我們共同生
> 活的人或時時刻刻與我們錯身而過的人，在工作上
> 給予我們協助的動物，我們耕種的大地，被我們改
> 造的大自然產物，為我們所用的工具，所有一切都

包含一個祕密的神靈本質，需要借助我們才能達成他的完美形式，以臻圓滿。我們如果沒有意識到這個被派到我們人生旅程中的神靈本質，如果（我們意圖參與其他人和物的生命，一如他們也意圖參與我們的生命，但我們卻未與他們建立起真實關係）一心只想著預設的目標，那麼我們便會錯過真實的、既存的存在。（……）靈魂的最高文化基本上仍然是貧瘠、沒有孕育能力的，除非這些小小的交會，接收到應得的我們的付出後，日復一日地噴湧出生命之泉，滋潤靈魂。同樣的，如果沒有祕密地與這些兼具低調寬容的交會結盟，同時與雖屬外在但依然親近的存在結盟，即便是最強大的潛力，在其內在深處也只能是軟弱無力的。[32]

註釋

1　譯註：提茲亞諾・特爾札尼（Tiziano Terzani, 1938-2004），義大利記者、作家，曾任德國《明鏡週刊》（*Der Spiegel*）亞洲特派員。

2　原註 49：相關報導參見《義大利共和報》（*La Repubblica*）2010 年 7 月 29 日報導。另參見斯托帕（Lusia Stopa），《認知治療中的意象和自我威脅》（*Imagery and the Threatened Self in cognitive Therapy*），Routledge 出版社，英格蘭霍夫（Hove），2009 年。

3　原註 50：泰瑞莎・德・齊克，《夢境羅盤：避免在生命之洋中迷失方向》（*La bussola dei sogni. Per non perdere la rotta nel maredella vita*），Franco Angeli 出版社，羅馬，2010 年，p. 15。

4　原註 51：巴卡洛（Umberto Barcaro），德・齊克，《夢境羅盤：避免在生命之洋

中迷失方向》義大利文版前序。

5　原註 52：古根包爾 - 克雷格，《心靈荒漠》（*Deserti dell'anima*），Moretti & Vitali 出版社，貝加摩，2000 年，pp.119、127、139。

6　原註 53：榮格，《紅書》，p. 236。

7　原註 54：榮格在《紅書》〈未來之路〉中寫道：「深處之靈說：『沒人可以獲應 該阻止獻祭。獻祭不是毀滅，獻祭是未來的基石。』」，p. 230。

8　譯註：新約聖經〈約翰福音〉中，聖多馬懷疑耶穌復活之事，要求摸到傷口才願 相信，於是耶穌顯現了身上傷口證實自己復活，聖多馬才表達自己信其為真。

9　原註 55：莫瑞・史丹，《英雄之旅：個體化原則概論》（*Il principio di individuazione. Verso lo sviluppo della coscienza umana*），Moretti & Vitali 出版社，貝加 摩，2012 年。

10　編註：前註書之中文版由心靈工坊出版，英文書名為 *The Principle of Individuation: Toward the Development of Human Consciousness*。

11　原註 56：榮格，《榮格自傳：回憶，夢，省思》，p. 256。

12　原註 57：莫瑞・史丹，《英雄之旅：個體化原則概論》，p.127。

13　原註 58：瑪塔・提巴迪，〈雙重客體化與假想的我之創造〉（Doppia oggettivazione e creazione dell'Io immaginale），收錄於《心理分析培訓煉金術》 （*Alchimie della formazione analitica*, Cerbo G.M., Palliccia D., Sassone A.M. 主編），Vivarium 出版社，米蘭，2004 年，pp.330-331。

14　原註 59：詹姆斯・希爾曼，《夢與冥界》（*Il sogno e il mondo infero*），Edizione di Comunità 出版社，米蘭，1984 年，pp. 98-99。

15　編註：前註書中文版由心靈工坊出版，英文書名為 *The Dream and the Underworld*。

16　原註 60：詹姆斯・希爾曼，《靈魂：人格化概念剖析》（*Anima. Anatomia di una nozione personificata*），Adelphi 出版社，米蘭，1989 年，p.119。

17　原註 61：瑪塔・提巴迪，《自性的敘事形式自傳書寫》（*In forma narrativa. Scrittura autobiografica del Sé*），pp. 71-73。

18　原註 62：榮格、馮・法蘭茲、約瑟夫・亨德森（Joseph Lewis Henderson）、尤 蘭・雅克比（Jolande Jacobi）、阿妮拉・賈菲（Aniela Jaffé）合著，《人及其象 徵》（*L'uomo e i suoi simboli*），Longanesi 出版社，米蘭，1980 年。

19　原註 63：詹姆斯・希爾曼，《夢中的動物》（*Animali del sogno*），Cortina 出版 社，米蘭，1991 年，p.IX。

20　原註 64：拉森（Stephen Larsen），《神祕的想像力》（*Immaginazione mistica*），Il Saggiatore 出版社，米蘭，2001 年，p.131。

21　原註 65：馮・法蘭茲、佛萊澤・博雅，《夢的世界》（*Il mondo dei sogni*），Red 出版社，米蘭，2003 年，p. 184。

22   原註 66：同上，p. 182。

23   原註 67：同上，p. 184-185。

24   原註 68：尼爾・羅塞克，《動物導遊》（*Animali guida*），Moretti & Vitali 出版社，貝加摩，2003 年，pp. 125、128。

25   原註 69：榮格，《榮格說》（*Jung parla*），Adelphi 出版社，米蘭，1995 年，p. 132。

26   原註 70：同上。

27   原註 71：安東尼・史蒂芬斯，《兩百萬歲的自性》（*The Two-Million-Years-Old-Self*），Texas A6M University Press, College Station, 1993, p. 19。

28   譯註：《海上之王》（*Il Re del mare*），是義大利知名冒險小說家薩卡利（Emilio Salgari,1862-1911）最膾炙人口的馬來西亞海盜系列作品之一，主角為葡萄牙海盜亞涅斯・德・戈梅拉（Yanez de Gomera），被綽號「馬來西亞之虎」的海盜桑多亢（Sandokan）俘虜後，反成為桑多亢的至交好友。

29   原註 72：丹尼爾・席格，《第七感：自我蛻變的新科學》（*Mindsight. La nuova scienza della trasformazione personale*），p. 104。

30   原註 73：瑪塔・提巴迪，《敘事之愛：假想診療筆記》（*La passione narrativa. Appunti per una cura immaginale*），p. 191-206。

31   原註 74：湯瑪斯・摩爾，《情欲的陰暗面》（*Il lato oscuro dell'Eros*），Lyra Libri 出版社，義大利科莫（Como），1998 年，p. 171。

32   原註 75：馬丁・布伯，《人的旅程》（*Il cammino dell'uomo*），Edizione Qijaion 出版社，義大利馬尼亞諾（Magnano），1990 年。

身體意象

當身體狀態良好
靈魂就能夠滿足。

義大利諺語

在這個想像旅程的第一階段我們學會了觀察自發出現的意象和夢中意象，等待這些意象甦醒，向意識揭露自己。榮格對這個歷程的運作有如下說明：

（……）觀看會引發心理上客體的活化。就好像一個人的靈性之眼散發出某種東西，能夠讓視覺中的客體被召喚或被激發。英文的動詞「看」（look at）無法傳達這個意涵，但是詞意相同的德文 betrachten 還有「使懷孕」的意思，但是只適用於動物，不適用於人。懷孕的母牛是 trächtige Kuh。所以，意指看或專注於某件事的德文 betrachten，賦予客體受孕特質。如果客體懷孕，可見會生產某樣東西，而且客體顯然是活的，所以會生產，會增生。幻想中的每一個意象也是如此：只要關注意象，之後就會發現很難讓意象保持安靜，他們會變得焦躁不安，動來動去，會多出一些東西，或是意象會增多，會充滿生命力，進入懷孕狀態。[1]

以榮格描述的同一準則為本，當身體成為我們觀察的客體，身體的無意識就會人格化，以具有意涵的情緒意象展現自我。

積極想像：與無意識對話，活得更自在

如眾所知，心靈運作的研究，特別是那些跟情緒符碼化及處理流程有關的研究，跟理性運作的研究截然不同。心靈運作的研究對身體無意識經歷會提出一個以假想意象出現的可能性的客觀解釋。

　　紐約大學神經科學家喬瑟夫·雷杜克斯（Joseph LeDoux）[2] 說明，恐懼情緒不是透過大腦皮質送達神經中樞，而是透過間腦傳送至杏仁核。而後者的「傷痕」會蟄伏多年，且隨時會甦醒。因此心理受過創傷的病患會重新感受到理性心靈已經不復記憶的情緒。雷杜克斯認為腦的可塑性讓心靈持續面對解離的風險，但同時也擁有持續創造性轉化的可能：當思緒、情緒和動機彼此解離且崩解的時候，「突觸自性」是「一種詛咒」，但如果視其為永遠如新的連結，等待著能夠在腦中實現，那麼它就是「一種祝福」。

　　美國精神醫學學者亞藍·修爾（Allan N. Schore）[3] 對情緒心靈運作做的研究顯示，創傷情緒會在右腦留下無法抹滅的銘記痕跡，在特殊情況下會重新開啟，以回應、情緒和行動的形式與有意識的記憶斷開。他的研究有助於凸顯出早年的創傷經驗會對大腦發展、依戀模式、情感調節、壓力調適及自我統合都有負面影響，而心理治療能以何種方式進行矯正，重新調節右腦的運作。

　　另外有美國神經科學學者達馬西歐（Antonio R. Damasio）提出大腦無意識系統是在有意識心智（「原始自

我」〔proto–sé〕、「核心意識」、「擴張意識」）的「後面」，在關於心智和大腦的科學討論中重新為身體找到一席之地有重要貢獻。特別是「身體標記」概念凸顯了決策過程中意識與身體之間的緊密關係，也強調了研究大腦與所屬的身體組織、與環境之間關係的必要性 [4]：

> 心智為身體而存在，致力於陳述身體感興趣的多樣事態的故事，用故事讓身體組織的生命全面處於最佳狀態。我雖然向來不喜歡需要深入分析的文句，但我還是試著以一句話綜合概述我的理念：受身體給養且時時關照身體的大腦心智，整體而言，對身體是有所助益的。[5]

榮格心理分析師麥可・孔佛提（Michael Conforti）研究過物質與心靈之間的互聯性，在其著作中他認為人類心靈從屬於一個更大的自然秩序，在這個自然秩序下原型不斷在空間和時間中體現。對孔佛提而言，「物質是移動十分緩慢的靈，以至於肉眼看不見。」[6] 巴西心理分析師丹尼斯・拉摩斯（Danise Ramos）在他的著作《身體的心靈》中以榮格角度研究身心醫學，他認為在將疾病概念化，視其為一種象徵的時候，就超越了懸宕多年的「身一心」二分問題：

（這個主張）也會重新定義心理學和生物學、
心理學和醫學的分界。其實在臨床診療上已經開始
對此有所反思／重新定義了。[7]

　　希爾曼從完全傾向象徵的角度出發，多次重申以神話
的假想姿態向身體的生命物質靠攏之必要性。希爾曼特別強
調：唯有人格化的心理過程才可能與身體現實及其訊息之間
建立起有意識的關係。

　　延續榮格「神祇成為疾病」的說法，希爾曼在他的《靈
魂密碼》[8]一書中指出，之前被神祇人格化的靈啟經驗，今
天把身體當作無意識儲藏空間。由於神祇找不到地方顯現自
身，接受膜拜，祂們的力量便轉移為身體物質，然後透過生
理徵候和疾病來展現自己。出現在生理徵候和疾病中的無意
識原型今天需要跟意識進行整合，因此對身體現實的反思和
想像觀察成為恢復及維持身心平衡的重要工具。

　　讓隱藏於重大疾病中的無意識原型各個面向現身有多麼
重要，我自己就是見證人。我在《超越癌症：讓最令人畏懼
的疾病創意轉型》書中指出，有知覺地看待腫瘤疾病可以啟
發或修正那些不具功能性的基礎假設，我們常常不知不覺地
以此為準，建立我們對世界的肯定、價值觀和視野。透過意
識作用，腫瘤疾病可以搖身一變，成為復原過程和自癒過程
作用於身體組織的見證，而這些過程在遇到如癌症這類重大

疾病時會顯得特別活躍。等這個探索歷程完成後，疾病會以一種不斷重建的生命型態展現自己，包括透過毀滅和死亡，讓病患和疾病都能有正向的、意義非凡的轉變。[9]

＊　　＊　　＊

身體包含了歷史和記憶，那是一個充滿各種情緒和無意識表現的世界，對研究身體經驗（embodied experiences）的人而言，這是經過臨床證實及檢驗的。他們從心理分析角度出發，思考沙遊治療（Sand Play Therapy）實務和真實動作探索（Autenthic Movement）這兩個直接將身體帶入的方法。沙遊治療要準備一個沙箱和許多代表世界的小物件，病患可以在診療過程中利用這些工具自發地呈現其內心世界。真實動作又稱「深層動作」（Movement in Depth），或「律動中的積極想像」（Active Imagination in Movement），是透過身體的表現探索心靈經驗。[10]

值得注意的是，關於身體記憶的處理，實證臨床介入時採用的範例跟心理分析不同。舉例來說，知覺傳動心理治療學院（Sensorimotor Psychotherapy Institute）創辦人兼負責人派翠西亞·奧登（Patricia Ogden）處理身體／認知的方法，她的心理治療是以身體為本的語言導向療法，結合口語溝通技巧與身體的直接介入：

綜合各種理由，身體被排除在談話治療
（talking cure）之外。心理治療師是遵循心理動力
模式、心理分析模式或認知心理方法養成的，他們
擅長聆聽顧客的言語和情緒。（……）儘管大多數
心理治療師也知道要觀察其他面向，包括顧客的身
體動作，然而相較於其他治療規畫、療法和傳統治
療，直接面對顧客的身體經驗仍然被普遍視為非主
流操作。

　　知覺傳動療法的架構是納入傳統心理治療，但
是將焦點放在知覺治療層面的身體上，同時著重觀
察力等一般不會應用在心理動力療法上的理論與實
踐。也將心靈健康和身體心理療法的理論基礎及臨
床手法予以整合。[11]

運用 EMDR

　　另外一個直接啟動並處理身體記憶的方法是夏皮羅博士
建構的眼動減敏與歷程更新療法（Eye Movements Desensitizaton
and Reprocessing，簡稱 EMDR），這種心理療法最初是以受
創患者為主，今天則廣泛應用於解決心理問題：

　　　　眼動減敏與歷程更新療法的關鍵是，透過大量

操作後，確認我們所有人先天生理上擁有消化處理訊息，使心理達到健康狀態的一個系統，這種可調適能力有助於擺脫負面情緒，啟動理解機制，適度地整合，並保留為未來之用。這個系統有可能因為創傷或發育期產生的壓力而失衡，但是一旦採用眼動減敏與歷程更新療法就能有效啟動並維持心理的動力狀態，從心理治療角度而言讓訊息得到調適。認知的去敏化和重建在神經生理學被視為訊息調適處理後的副產品。[12]

必須說明的是，在心理分析領域，於診療中整合非心理分析工具，例如雙側交替知覺傳動[13]，且直接以身體記憶為分析對象的案例非常少。[14]

我個人在許多不同場合提出了此一整合的可能性。[15] 我的論述主要在處理那些若非透過身體經驗直達想像境界、否則難以挖掘的「隱晦」的身體徵候，也就是身體記憶中被符碼化的徵候：

　　以我在榮格心理分析中加入眼動減敏與歷程更新療法的實務操作為立基，我認為雙側交替知覺傳動刺激明顯加強了心理分析效能，無論是處理受情緒所困的身體問題，或是如前所述，產生正向移

情作用，皆有益於原本分裂的心靈狀態重新縫合。

一旦讓自性卸下亙古的武裝防備，眼動減敏與歷程更新療法就能將情緒記憶的「傷痕」轉化為「心理素材」，在關係穩定、有把握，而且隨時以移情和反移情角度監控的情況下，於刺激發生當下的同時或非同時，用心理分析工具予以詮釋。這個假設需要對各種變數細細思索，包括可能有助於整合的不同人格狀態，或是多項不同組合型態，例如由同一位心理分析師負責雙側交替知覺傳動刺激與深層分析，或是由眼動減敏與歷程更新治療師和榮格心理分析師各自負責操作眼動減敏與歷程更新療法及心理分析。[16]

距離我初次探討相關議題已經匆匆過去數年，我可以說今天在心理分析中加入眼動減敏與歷程更新療法不僅能夠直接處理殘留在身體上的創傷痕跡，也可以成為無意識想像的強效催化劑，也可以說是啟動任何積極想像不可或缺「原料」的催化劑。

接下來我想呈現一個案例，是透過眼球運動刺激而產生的積極想像，說明眼動減敏與歷程更新療法可以做為身體記憶的探測器。

在雙側交替知覺傳動刺激後浮現的積極想像：
童年的家

　　我才開始隨著手指動作移動眼球，就察覺到胃不舒服，之後覺得胃往上頂。我看到第一個意象：我的腦袋裡滿是髒水，在我的身體裡有負電流流竄，同時我對細微的聲音變得非常敏感。我的身體開始拉警報，我的徵候重新起了變化，分析師讓我專注在身體的感覺和先前的意象上，讓意象自發性地發展。我腦中隨即響起了一個反覆出現的噩夢。我看到的畫面是這樣的：「我在小時候住的那個房子裡，我還是一個小女孩，我躺在地板上，有東西壓著我，威脅我。我嚇壞了，因為害怕，整個人呆滯無法動彈，覺得自己完全沒有招架能力。」我才剛記起這個噩夢，並且把夢境說出來，就覺得整個人放鬆了，開始打呵欠。分析師請我與那個小女孩意象聯繫，我開始跟她交談，跟她說話，用令人放心的話安撫她。我跟她說我會幫助她，小女孩告訴我她覺得輕鬆不少，可是她一開始說話，我就覺得驚慌。我怕我沒辦法真的幫上忙，那樣的焦慮越逼越近。

　　分析師讓我用作為觀察者的那個我來面對正在經歷驚慌感受的那個我。我照做了，開始找話讓我寬心。我跟我自己說就算我沒辦法幫助小女孩，我也可以向分析

師求助，萬一分析師也沒辦法讓我安心，還有每次我焦慮發作時吃的藥可以派上用場。於是我冷靜下來。

透過積極想像，我和我的小女孩意象、我和我、我和分析師以及我和藥物之間有可能結盟的這個體驗，讓我覺得自己有能力迎戰恐懼。現在我知道我可以幫得上忙，而且我的徵候背後是記憶。這個體驗讓我覺得在面對恐慌時變得更強大。

從眼動減敏與歷程更新療法角度而言，這個案例經驗還不算完成，其實應該善加利用眼球運動直到解決創傷記憶的可適應性問題為止。不過，如我先前所說，我想要用這個案例凸顯的只是雙側交替知覺傳動刺激可以在心理分析時扮演角色，啟動身體記憶的無意識符碼化意象。

＊ ＊ ＊

我們回來談榮格的積極想像：下一個案例顯示可以如何利用假想將無意識徵候體驗轉化為有知覺的心理內容。

案例主角是一名年輕女子，長期飽受壓力困擾，她將注意力專注在診療過程中體驗到的身體緊繃，然後浮現了水的意象。

這名病患和水意象之間的對話，說明了她承受種種限制

與折磨時遭遇的困難，或許是因為在現實生活中她總是不得不壓抑自己的憤怒，去面對生重病、令人煩惱的母親。積極想像讓她以全新視野看待這個受壓迫的經驗，不再需要控制具破壞性的危險情感，理解限制是有建設性的，最終目的是為了滋養：水之所以困在鍋子裡，是因為正在煮午餐要吃的麵。

當積極想像讓進行中的壓迫展現出不同性質，病患的情緒體驗便透露出其價值，同時彰顯了不同心理部分間合作的重要性。

身體緊繃意象：鍋子裡的水

病患看著水，問水為什麼不舒服：「水啊，你告訴我，你究竟怎麼了？」

水：「我很緊繃，我受到壓迫，我不想待在鍋子裡。」

病患：「你想待在哪裡？」

水：「我不希望周圍有任何東西壓迫我，我想要自由。」

病患：「你為什麼在鍋子裡，你為什麼那麼熱？」

水：「我在鍋子裡是為了煮你午餐要吃的麵。」

病患：「我很抱歉你覺得受到壓迫，但是你要知道為了烹煮你必須待在鍋子裡，而且溫度必須達到沸騰。你別擔心，我不會讓你待在裡面超過必要時間，只是既然要烹煮食物，我不得不讓你待在鍋子裡。」

水：「既然如此，你如果能向我保證不會讓我待在這裡超過必要時間，而且之後就讓我自由，我可以留下來為你煮麵。」

病患：「我不會騙你，你做好你該做的就是。」

水：「我現在比較平靜，我知道你尊重我，我接受待在這裡陪你。」[17]

*   *   *

當我們注意的對象是有情緒、有徵候、處於張力狀態下的身體，積極想像能夠呈現的不只是無意識的身體記憶，還有做為記憶背景的心理動力。心理分析師唐納德・卡爾斯切德（Donald Kalshed）曾細膩描述過決定「創傷內在世界」的心理動力樣貌，並特別說明在那個世界裡「自我防衛」解體的焦慮及其自相矛盾的運作：

> 類似的（解體）焦慮經驗會對人格造成全面的毀滅威脅，破壞個體心靈。所以必須不計代價避免，而由於類似的創傷往往發生在幼年時期，在一致的我成形（建立防衛）之前，第二道防線會啟動，以阻止「難以想像之事」變成經驗，（……）這在心理分析語彙中被稱為「原始」防衛或「解離」防衛。（……）心理分析師長久以來認為這些原始防衛既凸顯了嚴重病變的特性，（一旦成形後）也可能是其成因。但是在我們的當代文學作品裡，這個防衛機制卻極少得到「認可」（如果可以這麼說的話），是它保護了受創破碎心靈的生命。儘管我們都同意這個防衛機制對於病患的晚年生活恐怕不足以發揮作用，總之很少有作家承認這個防

積極想像：與無意識對話，活得更自在

衛機制具有神奇特性，或可救命，或具有原型的價
值與意義。[18]

　　卡爾斯切德認為自我防衛有雙重面向，既具有誘惑性，
也有威脅性：其目的是確保心理生存，反對所有面對外在現
實（即生活）的我的一切動作。因為在創傷後，情緒心靈會
將外在世界和生活符碼化，視其為最大危險，需要抵禦防
護，所有生命力的展現都會受到內在抵制，因為「外在世
界」必須不計代價敬而遠之。
　　在這樣的心理狀態下，生理徵候成為彌足珍貴的象徵指
標：發生在遙遠過去的創傷記憶，直接通往最古老的防衛機
制，是迷宮中的那條繩子，指向已經不復記憶的一切。在這
個情況下，積極想像讓自我防衛機制的自我矛盾運作浮現，
提供我一個機會，選擇可以滿足人格發展需求的有利位置。
　　下一個積極想像案例與自我防衛機制的心理動力學有
關，自我矛盾，又「邪惡」，這是典型的創傷後人格特質。

徵候意象：身體的聲音

病患在診療開始的時候說她覺得肚子不舒服，腹部刺痛，必須去廁所。她那一天吃了太多東西，而且很不規律，所以這種情況通常是不當飲食引發的腸炎和腹瀉。她坐在扶手沙發上，一直惶惶不安，不斷調整坐姿，情緒也很難平復。

心理分析師請病患給予腹痛空間，專心聆聽自己身體的徵候，不要抵抗自身的感受，不要驅趕痛楚、腹痛和想去廁所的需求。分析師告訴病患說要關注自己的感受。病患是一名年輕女子，坐在扶手沙發上的她不斷動來動去，過了很長一段時間後發生了一件事：嚇了一跳的病患見證了一件離奇的事，出人意表的是，她聽到了一個聲音，從她身體裡發出了一個聲音，而且是一個男性的聲音，似乎有話想要對她說。病患嚇壞了，驚叫說：「我聽到我的身體裡發出一個聲音，我聽到一個聲音在說話」，然後她停頓了一下，似乎想要在這個意想不到的情況下摸索出一個方向，然後她慢慢地又說了一遍：「我聽見有一個聲音在我身體裡說話」。

分析師在一次提醒她專心聆聽，不過這一次要聆聽的是這個陌生的聲音，而且要仔細聽。病患閉上眼睛，將注意力放在自己身上，過了一會兒之後她說：「我聽

到一個聲音想要跟我說些什麼，可是我聽不清楚，那個聲音想要跟我說話。」分析師再次請她聆聽究竟發生什麼事，她反覆聆聽，十分專注，最後那聲音變得越來越清晰，病患說：「現在我聽到了，聽得很清楚，那是一名男子的聲音，他在跟我說話，他在告訴我一件事，他對我說的是：『我告訴過你不要出門，我跟你說過了。我告訴過你要留在家裡，你如果留在家裡就什麼事情都不會發生，只要你留在家裡，就不會不舒服』。」

　　病患說完沉默片刻，茫然不知所措，然後她驚呼道：「如果你留在家裡？他為什麼說『如果你留在家裡』？『如果你留在家裡』是什麼意思？」她困惑地看著心理分析師，開口問他：「我為什麼應該留在家裡？這是什麼意思？這個聲音想要幹嘛？」分析師沒有回答，病患高聲反思，打破了原本的沉默：「我既然會聽見這個聲音對我說話，表示我心裡有事，有一個人基於某個我不知道的原因不希望我出門，希望我留在家裡。」說完之後她繼續聆聽，並且直接跟那個陌生的聲音對話，於是她又有了新發現，那個聲音對她提出某種協議，並且強迫她接受那個協議。那個聲音以誘惑的口吻對她說：「你不需要擔心你吃了什麼，你儘管吃，想吃什麼就吃什麼。你不需要擔心你的腸炎，你看著好了，你如果留在家裡就什麼事都不會發生。你如果留在

家裡，就不會拉肚子。不過你要注意的是——那個聲音隱約語帶威脅——只有當你留在家裡的時候，才不會有事情發生，你一旦出門，就會拉肚子，就會肚子痛。」

　　在心理分析師的心裡想到了一個問題：「如果打破協議，生理徵候就是必須付出的代價嗎？」當分析師心裡還在思索這個問題時，病患開口說：「所以在我心裡有某件事或某個人不希望我離開家，有某件事或某個人不希望我出門，也不希望我來接受診療。」想到這裡，她開始顯得有些焦慮，繼續往下說：「這個聲音在誘惑我吃東西，他似乎知道對我來說要抵抗美食的誘惑有多麼困難，所以他試圖控制我的食欲。可是我如果吃東西毫無節制我會發胖，我就不想再照鏡子，我會開始討厭我自己，再也不想出門。如此一來，那個聲音就成功地讓我留在家裡，或降低了我出門的欲望。這對我來說代表什麼？這個聲音到底想幹嘛？」這時候那個聲音又出現了，他接著往下說，反覆說：「你想吃什麼都可以，你看著好了，只要你待在家裡，或去妳男朋友家，什麼事都不會發生。不要出門，坐在電視機前面，只要你照我說的做，你就不會不舒服。」

　　「事實上此言不假，」病患這麼說：「只要我待在家裡，或是去我男朋友家，即便我吃很多也不會有腸炎或腹瀉困擾，什麼問題都沒有。可是只要我一出門做

其他事，所有症狀都會出現：肚子痛，腹瀉，不得不立刻找廁所。如果我人在外面，就只能回家。萬一沒辦法回家，必須去公共廁所，會讓我覺得更不舒服。」她想了一會兒之後接著說：「可是我不想待在家裡，我想出去，我不想要只能待在家裡。」[19]

* * *

創傷後心理徵候和嚴重生理不適的痛苦有時候實在難以忍受，為了生存不得不讓「理性」自「情緒」中解離開來。在這類情況下有可能會發生的是，至少在剛開始的時候，即便用積極想像也無法趨近生理徵候。這時候分析師可以在自己的右腦和病患的右腦間加入同理性和深層聆聽，透過身體反移情的沉默處理，也就是麥肯（McCann I.L.）及柯雷提（Colletti J.）定義的心理分析二人組的「同理心之舞」[20]，或者可以說是「兩個相互協調且屬性一致的系統之間的共振現象」[21]，能夠讓病患的無意識心靈產生明顯的發展變化：

當一個人與旁邊的客體進入同時振動狀態，這個共振系統會產生難以想像的充分且源源不絕的回應。共振這個名詞指的是一個客體或一個系統承受與客體或系統本身振動頻率相同或雷同的振動刺

激,讓本身的振動得以擴大,換言之,內在狀態的擴大是在外在知覺傳動刺激頻率與身體結構基因編碼的內生節奏相吻合時才會發生。因此,情緒資訊的轉移會在背景條件進入共振時獲得強化。[22]

下一個積極想像案例見證了心理分析師如何運用自身的想像反移情,讓醫病關係成為情感的調解者,讓病患和心理分析師之間互相的無意識情緒資訊的變換轉移成為可能:

（可以說）心理分析師在心裡「接待」的其實是病患的內心衝突或過往種種。按照榮格的說法,那是他人的內在自性,也就是說心理分析師接納的是他認識和不認識的「情感—意象」。在治療過程中,心理分析師「包容」並協助病患創造這些意象,就字面意義,或就意象而言,就像是父母幫嬰兒擦拭身體、穿衣、餵哺。[23]

亞藍・修爾也從神經科學角度來解釋這個現象:

面對病患,特別是那些有依戀傾向及連帶有自我調節發展不良症狀的病患,互動治療就像是一種依戀關係。近年來研究顯示,情感失調是所有精神

疾病的基本機制（……），所有心理治療的介入都
形同是為了增進情感調節（……），而心理治療的
最後目的，從依戀角度觀之，就是持續地調節情感
的恆定狀態，重整在「隱藏—程序性記憶」中的編
碼互動表現。[24]

想像的反移情：氣泡

　　每一次那名病患進入診療室，分析師的身體就覺得特別緊繃。分析師感覺到身體的緊張狀態持續升高，小腿肌肉劇烈疼痛、痙攣，這個緊張狀態逐漸蔓延到全身。在分析師全身緊繃的同時，診療室內充滿了病患的聲音：聽起來很空洞的連珠炮，聲音彷彿與身體無關，並未傳遞任何情緒。

　　得過很久之後分析師才有辦法將他在病患身體上感覺到的緊張轉化為文字記錄下來，這種緊張在剛開始只出現在分析師身上，跟病患的說話內容完全無關。有很長一段時間，病患緊繃的身體，只與分析師沉默的身體、意象和反移情的身體情緒共振，那是一個替身的身體，以絕對的靜默接待並處理那喑啞的緊張。

　　分析師強烈感受到反移情的緊張，從一開始就在他心裡以恐懼的感知和意象形式出現：浮現的是一個小女孩的畫面，她因為害怕某個駭人的、無以名之的東西，因為一個神祕、全身痙攣的身體感到恐懼，嚇到動也不敢動，那個身體因為將恐懼喊出來而噁心作嘔，不僅激動不安，而且從頭到腳都疲憊不堪。心理分析師的胃也感受到那份恐懼，覺得反胃想吐。「胃裡面有什麼東西？有什麼東西想從胃裡跑出來呢？」他問他自己。

在分析師心裡，除了由反移情的身體傳遞的動覺和假想訊息外，還有病患在分析診療之初說的那些話。分析師知道病患的身體對病患而言是神祕又可怖的物質。從來沒有人教她如何看身體，如何碰觸身體，如何認識身體，也從來沒有人教導她的身體如何透過言語表達，說出自己的需要。而且從來沒有人聆聽過那來自身體的強烈徵候的無聲吶喊。「身體並不重要，不值得關注，」其他人總是這麼對她說，「身體不值得我們為它多費唇舌」。

　　久而久之，身體累積了許多自相矛盾的強烈情感，而且是停留在原始狀態的情感，於是身體變成了有徵候的身體，以難以承受的張力向意識進逼，迫使意識發展成具防衛性的複雜慣性。

　　就分析角度而言，分析師除了直接由病患不發一語的身體得到反移情感受外，還覺察到一個意象，並且將該意象視為是在分析空間中發生的屬於自己的意象：「她看到眼前是一間手術室……，有手術正在進行……開心手術。血液在病患體外流動……，在體外循環。血液在體外流動，流經分析師的身體……，必須對心臟動手術，才能讓心臟重新恢復運作……。」

　　動手術和血液體外循環這個意象，對分析師來說是評估病患身體內的緊張轉化為可言說話語及病患情感

解離的工具。然而分析師應該等待多久，再提醒病患將注意力放在自己的身體感受及身體張力上呢？用了多少關注力才將關於身體的最初那幾個問題記錄下來？而分析師在用言語推動病患身體的時候究竟要謹慎到什麼程度？能夠隨時收回，隨時停止，隨時緘默？

「你的身體感覺到什麼？」分析師開口問。「此時此刻，你的身體有什麼感覺？請試著聆聽你的身體，聽聽你的身體在說什麼。」慢慢地，飽受驚嚇的身體找到了覺察的空間，也找到了話語。那是它第一次有勇氣開口陳述自己。

有些膽怯、有些不確定的病患剛開始說的話跟她身體的情緒有關：「我看到在我左邊有一個氣泡，」她開口說話。「氣泡裡面有東西……。」她說到這裡就停了下來，沒辦法繼續。她說的話在難以控制、不發一語的身體和沒有情緒的大量話語之間搖擺不定。

「你要仔細觀察那個氣泡意象」，分析師語氣激動，但是措詞謹慎，她說的話輕輕地碰觸到她的身體，但是隨時準備默默後退。病患閉上眼睛，開始打呵欠，診療室內的緊張氣氛突然間得到減緩，分析師的身體藉由自己的身體察覺到此一變化。放鬆後的病患說她感覺很舒服，接著說：「我看著那個氣泡，我雖然看著它，但是沒辦法看到全部。我看不到完整的氣泡，我心裡裝

不下它，有一小塊留在外面。」她停頓了一下之後，語氣嚴肅地說：「想到一整個氣泡會讓我害怕，我怕想到完整的氣泡。我只要想到完整的它，」她猶豫了一會兒之後接著說：「如果想到完整的氣泡……，就覺得我會生病，我怕我會生病，我的身體很可能會生病。」

害怕生病……，身體會生病……，是病患用話語傳遞的第一個情緒，分析師心裡這麼想。就在那個瞬間，分析師知道自己面臨一個重要的關卡，有可能走上截然不同的道路，有可能重新選擇一條寂靜之路，繼續用反移情的身體處理病患表達出對疾病的恐懼。分析師也有可能推遲病患的恐懼經歷，用其他文字重新界定它，或是做出認為更恰當的選擇：讓病患的我以積極想像方式面對這個恐懼。於是他決定選擇最後這個選項，目標是提升我在面對情感剝離時的能力。分析師知道病患不習慣面對想像，需要有人指引，於是他決定讓病患在他的帶領下做積極想像。

氣泡意象讓分析師知道，因為某個不明原因，病患心裡無法容納自己完整的身體意象，不管氣泡代表的是什麼，都無法被內在完整接納，有一部分不得不留在外面。分析師再度想起血液體外循環那個畫面，應該是有某個東西還在身體之外流動，但是否全部經過分析師的身體或許已非必要。那麼要怎麼做呢？該怎麼辦呢？

他突然想起他曾經讀過如何在分析空間中應用假想的文章。

「空間有問題，」他心想。「不管是身體空間或心理空間，都還無法容納那個氣泡。那個空間應該要夠安全，能夠包容恐懼，但這個空間不能是分析師的反移情身體，也不能是病患的身體？」必須找到一個接在分析師身體和病患身體之間的過渡空間……。分析師看這兩個扶手沙發中間那個將分析師和病患隔開的假想空間，那個空間應該很合適。他請病患將心中的氣泡放到面前，也就是病患自身和分析師中間。分析師是想要讓病患找到一個過渡的假想空間，那個空間在她的心外面，這個空間既不完全是真實的，也不完全是虛構的，是一個想像的空間，一個可以容納整個氣泡的空間，而且不會讓她感到害怕。病患將她的恐懼放進這個假想空間裡，過了一會兒之後她說她覺得好多了：「這樣做我覺得舒服多了。」她開始打呵欠，不再像之前那樣恐懼。不過儘管病患這麼說，分析師仍然覺得身體緊繃，反移情作用讓他明白仍然有東西對身體大力施壓，不是意象也不是話語。他再度選擇沉默。氣泡意象已經在分析層面現身，會自行運作。診療再度陷入短暫沉默。

坐在椅子上的病患換了一個姿勢，她的身體看起來比之前放鬆。短暫停頓之後她開口敘述發生在童年的

一件事。記憶準備轉換成話語,然後她開始侃侃而談:
「那是發生在很久之前的事,當時我還很小,大概五、六歲左右,我跟其他小孩一起在奶奶家。奶奶突然間身體不適,有人叫了救護車。所有小孩都被帶走,關在一個房間裡,我則被帶到另外一個房間去,那個房間的門是玻璃門,彩色玻璃鑲嵌的。透過玻璃門我看到他們用擔架把奶奶抬了出去,我不懂發生了什麼事,但是我看到奶奶躺在擔架上,我以為她死了。原本在我腦袋裡的那個氣泡,也就是我現在看到在我身體外面的那個氣泡,就是那扇彩色玻璃門,氣泡裡面是死掉的奶奶……,氣泡應該留在外面,我應該要遠離跟它有關的記憶。有一個身體躺在擔架上……,是死掉的奶奶的身體……。我都忘了這件事,當時我很害怕,沒有人告訴我到底發生了什麼事……,他們什麼都不跟我們小孩說……。」

　　分析師覺察到分析空間終於充滿了有形物體、情緒、意象和話語。分析師和病患終於具備了有意識敘述從未被講述過的故事時所需的條件。

註釋

1　原註 76：榮格，《幻覺》（*Visioni*），第二卷，p. 717。

2　原註 77：參見喬瑟夫・雷杜克斯，《情緒腦：論情緒之源》（*Il cervello emotivo. Alle origini delle emozioni*），Baldini & Castoldi 出版社，米蘭，1998 年；另參見《突觸自性》（*Il Sé sinaptico*），Cortina 出版社，米蘭，2002 年。

3　原註 78：參見亞藍・修爾，《情感調節與自我修復》（*La regolazione degli affetti e la riparazione del Sé*）。

4　原註 79：達馬西歐，《笛卡兒之錯：情緒、理性與大腦》（*L'errore di Cartesio. Emozione, ragione e cervello*），Adelphi 出版社，米蘭，1995 年；另參見《情緒與意識》（*Emozioni e coscienza*）、《史賓諾沙研究：情緒、情感與大腦》（*Alla ricerca di Spinoza. Emozioni, sentimenti e cervello*）。

5　原註 80：達馬西歐，《史賓諾莎研究：情緒、情感與大腦》，pp. 247-248。

6　原註 81：孔佛提，《固有密碼》（*Il codice innato*），Magi 出版社，羅馬，2005 年，封面改版第四版。

7　原註 82：拉摩斯，《身體的心靈》（*The Psyche of the Body. A Jungian Approach to Psychosomatics*），Brunner-Routledge 出版社，紐約，2004 年，p.131。

8　編註：本書中文版《靈魂密碼：活出個人天賦，實現生命藍圖》（*The Soul's Code: In Search of Character and Calling*）由心靈工坊出版。

9　原註 83：參見提巴迪，《超越癌症：讓最令人畏懼的疾病創意轉型》（*Oltre il cancro. Trasformare creativamente la malattiache temiamo di più*），Moretti & Vitali 出版社，貝加摩，2010 年。另可參見攝影師齊亞拉蒙提（Giovanni Chiaramonte）專訪，〈超越癌症：面對疾病如何保持創意？〉（*Oltre il cancro. Si può affrontare creativamentela malattia?*），發表在 www.fattitaliani.it（2010 年 11 月 26 日）

10　原註 84：關於沙遊的近期研究，參見艾瓦・佐雅（Eva Pattis Zoja）的《沙療：遭遺棄與暴力對待案例的可能療法》（*Curare con la sabbia.Una proposta terapeutica in situazionidi abbandono e di violenza*），Moretti & Vitali 出版社，貝加摩，2011 年。關於真實動作，請參見派翠西亞・帕拉羅（Patrizia Pallaro）主編，《懷特豪斯、阿德勒和喬多爾論真實動作》（*Authentic Movement. Essays by Mary Starks Whitehouse, Janet Adler and Joan Chodorow*），Jessica Kingsley Publishers 出版社，倫敦，2007 年。

11　原註 85：派翠西亞・奧登，《創傷與身體：知覺傳動心理治療》（*Trauma and the Body. A sensorimotor Approach to Psychotherapy*），P. XXVII。

12　原註 86：夏皮羅，《眼動減敏與歷程更新療法：透過眼球運動達到去敏化和訊息處理》（*EMDR. Desensibilizzazione e rielaborazione attraversomovimenti oculari*），p. 13。

13 譯註：雙側交替知覺傳動指眼動減敏與歷程更新療法中讓眼球從一側到另一側來回移動的做法，也稱雙側刺激（bilateral stimulation），可提升記憶處理。

14 原註 87：參見提巴迪，〈新綜合療法的創意歷程：眼動減敏與歷程更新療法與榮格的心理分析〉（Un processo creativo di nuove sintesi: EMDR e analisijunghiana），收錄在《眼動減敏與歷程更新療法：不同心理療法的交談工具》（*EMDR: uno strumento di dialogo tra le psicoterapie*，Balbo M. 主編），McGraw - Hill 出版社，米蘭，2006 年，pp.85-116。

15 原註 88：我於第五屆假斯德哥爾摩舉行的「眼動減敏與歷程更新療法歐洲大會」上發表論文 EMDR and AnalyticalPsychology. Imaginal Use of Eye Movements in Jungian Analysis，文中列舉心理分析學幾個基礎概念後，特別針對榮格的積極想像及假想使用眼動減敏與歷程更新療法的可能提出進一步探討，也就是對我和透過雙方交替知覺傳動刺激取得的心理素材間做積極探索。同年十一月，在假義大利波隆納舉行的「眼動減敏與歷程更新療法與心理療法整合大會」發表第二篇論文，論述在榮格心理分析中加入眼動減敏與歷程更新療法的協同作用。

16 原註 89：提巴迪，〈新綜合療法的創意歷程：眼動減敏與歷程更新療法與榮格的心理分析〉，p. 87。

17 原註 90：提巴迪，〈如何開始面對無意識意象：兩個積極想像案例〉（Come iniziare il confronto con le immagini inconsce.Due esempi di immaginazione attiva），收錄於《積極想像》（*Immaginazione attiva*，F. De Luca Comandini, B. Mercurio 主編），Vivarium 出版社，米蘭，2002 年，pp. 119-126。

18 原註 91：卡爾斯切德，《創傷的內在世界》（*Il mondo interiore del trauma*），Moretti & Vitali 出版社，貝加摩，2001 年，p.26。

19 原註 92：提巴迪，〈徵候與意象〉（Sintomi e immagini），收錄於《父母與子女：認識才能夠親近》（*Genitori e figli. Conoscere per avvicinarsi*），Edizioni Universitarie Romane 出版社，羅馬，2001 年，pp.101-106。

20 原註 93：麥肯・柯雷提，〈同理心之舞：創傷後壓力症候群治療的反移情、同理心與理解的註解構思〉（A hermeneuticFormulation of Countertransference, Empathy and Understanding in thetreatment of PTDS），收錄在《創傷後壓力症候群的反移情療法》（*Countertransference in the Treatment of PTDS*，Wilson J. P., Lindy J. 主編），The Guilford Press 出版社，紐約及倫敦，1994 年。

21 原註 94：亞藍・修爾，《情感調節與自我修復》，p. 169。

22 原註 95：同上。

23 原註 96：大衛・賽德維克（David Sedgwick），《受傷的療癒者》（*Il guaritoreferito*），Vivarium 出版社，米蘭，2001 年，p.201。

24 原註 97：亞藍・修爾，《情感調節與自我修復》，p. 87。

關於深層意象
和個體化歷程的
幾個想法

認識有助於存在。

達馬西歐

在榮格的心理分析學中，個體化毫無疑問是主要概念之
一。

一九五五年七月，史蒂芬‧布萊克為英國廣播電視公司
訪問榮格，便問及個體化歷程是怎麼回事。榮格回答說心裡
發展跟身體發展一樣，都在追求自身潛能的完整實現。

以下段落擷取自採訪內容：

問：（……）另一個概念（……）是個體化歷
程，您常在文章中提及。不知道能否對這個心理整
合發展歷程做些說明？

答：很簡單。你拿一顆橡實種進土裡，橡實會
長成橡樹。人也是如此。人從受精卵而來，慢慢長
大成一個完整的人，因為那是他體內的法則。

問：所以您認為心理發展就許多面向而言跟生
理發展是一樣的？

答：事實上心理發展跟生理發展遵循的是同一
原則。我們為什麼要假設有一個不同原則？心理行
為演變跟我們在身體上觀察到的是一樣的。就像動
物擁有專門的解剖特性，如牙齒等。那些特性跟動
物的心理行為是一致的，也就是說其心理行為跟身
體器官是一致的。

問：所以就您的觀點不需要用其他理論來解釋

心理發展？

　　答：心理就是一個生命體，是生命體的心靈面向。或許應該說，心理是物質的心靈面向，是物質的一個特性。[1]

　　關於個體化這個概念，榮格在一九二〇年出版的《心理類型》第十一章中，主要談內傾型心理和外傾型心理，同時也談到了個體化。榮格認為個體化在他的心理學理論中「扮演不可或缺的角色」：

　　　　個體化一般而言就是每一個個體的養成及塑造歷程，也是作為一個與通則、與集體心理不同的個體的心理發展。所以個體化是一個差異化過程，目標是發展個別人格。個體化之必要性是與生俱來的，而阻止個體化，企圖建立主要或全然來自集體準則的規範，會有害於個體的生命活動。其實從生理和物理角度而言，個體性早已確立，跟心理面情況類似。若從根本妨礙個體性，會造成人為扭曲。可想而知，一個由扭曲的個人組成的社會群體不可能是一個健康的組織，也不可能長長久久或生氣勃勃。如果社會有能力保持自身內在的凝聚力和自身集體價值，同時兼顧每一個個人的最大自由，那麼

社會便能擁有長久的活力。此外個體並非僅僅是一個單獨存在的生命，為了生存也會有集體關係，因此個體化歷程不會導致孤立，而是會取得更緊密、更全面的集體凝聚力。[2]

因此，對榮格而言，個體化歷程就是完全地體現自己，會先表現出異於集體人格的個體人格，之後便會「取得更緊密、更全面的集體凝聚力」。當然在這個差異化歷程之始，「或多或少會與集體規範相衝突」，不過當個體生命和集體生命如同心靈互聯的極性組合在意識層面整合後，就能以個體方式互動：

個體化或多或少會與集體規範相衝突，因為個體化是要與普遍性分離，有所差異，進而發展出自己的特殊性，但是那個特殊性不是刻意追求而來，是原本就先驗存在於本性中的特殊性。然而與集體規範相悖只是表象，因為仔細觀察後會發現個人觀點並不以與集體規範唱反調為依歸，只是唱不同的調而已。邁向個體化未必會與集體規範發生矛盾，因為集體規範的對立面必須是一個與之相反的規範。但個人之道永遠不會是規範。規範源自諸多個人之道的總和，唯有個人之道存在，而且不時願意

追隨規範的指引，規範才有理由存在，並且有生動效力。一個有絕對效力的規範毫無用處。個人之道被提升到規範層次，才會跟集體規範發生真正的衝突，而這個正是極端個人主義的真正意圖。這個意圖自然是反常的，與生命完全背道而馳，而且跟個體化無關。個體化是偏離常軌，走向個人，因此需要規範引導它以面對社會，並且讓社會中的個體之間有凝聚力，凝聚力是必不可少的。所以說個體化會讓人自動對集體規範產生正面評價，而規範在完全集體傾向的生活中則變得越來越可有可無，且連帶會讓真正的道德崩塌。人越屈從於集體規範，個人的道德就越低落。個體化與同一性狀態的意識發展同步，因此個體化代表的是意識範疇及心理意識生命的擴大。[3]

個體和集體動力並不是對立的，而是齊力競相實現心靈的完整，經由個體實證確認，在開始任何差異化過程之前，必須先適應所屬文化的集體規範，唯有在這個條件下，「集體」才能變成顯現個體人格的背景，而不會有社會適應不良的問題：

個體化不是心理學教育的唯一目標。在設定個

體化為目標之前，必須先達到為了生存而適應必要
之集體規範這個教育目的：一株植物要能培育到它
特性所能的最茂盛狀態，首先得讓它在土裡扎根。[4]

在心理分析實務和日常生活中，個體化是很有用的引導
性概念，因為可以讓人看清所有進化過程、深層的心靈需求
及潛在的阻礙，同時往實踐自性方向努力。它提供了一個視
野範圍，可以容納各種極端心靈。

到底個體化歷程與積極想像實務之間有什麼關係，還
有，這個關係體現在日常生活中有何意義？

我們先從整體考量出發。我和自性的相遇（或衝突）不
見得會依循自我的方式和時間發生，通常跟我們說自性「設
定」的經驗有關，是我必須面對的：舉例來說，無論由內或
由外，意識都是過多且霸道的；無論願意或不願意，經驗都
會撼動我和人格的平衡。

每一次重大事件（出生、死亡、生病、自然或人為造
成創傷、「偉大夢想」和遠景，特殊事件如中樂透、一見鍾
情、遷居國外等等）會逼迫我面對心靈的客觀性，自性的
真實頓時變成可感知的。這時候「我的假想世界」處於危險
時刻，或許是正面的，也或許是負面的，榮格說那樣的時刻
「不是人格的擴充也不是人格的縮減，而是其潛能的結構性
改變。」[5]

關於我和自性的關係，榮格這麼說：

　　自性可以被描述為一種內在與外在衝突的補償，這個說法並無失當之處，因為自性是一個結果，是被完成的目標，是費盡千辛萬苦一點一滴完成、變成可受檢驗的某種東西。所以自性也是生命的目標，因為那是名為個體的致命組合最美好的呈現（……）。當你覺得自性不理性，難以形容，我既不在自性的對立面，也不在下面，但是與之有關，而且繞著自性轉，就像地球繞著太陽轉一樣的時候，個體化這個目標就達成了。我之所以說當你「覺得」，是因為我是如此界定我與自性之間關係的感知特性的。在這個關係裡，沒有任何東西可供辨識，因為我們對於自性的內容無話可說。我們唯一知道的自性內容是我。經確認的我自覺是一個無名且超越的主體之客體。我認為心理探查到這裡已經走到了極限，因為自性這個概念本身是一個先驗的假設，可以用心理學角度解釋，但是無法以科學角度論證。超越科學是我們所描述的心理演變必不可少的需求，因為如果少了這個基本條件，我不知道該如何得宜地寫出以經驗為本的心理歷程。所以，關於自性，至少必須視其為一個假設，就像原

子結構的假設一樣。如此一來，即便我們必須停下來將自己關在一個意象裡，那也會是一個充滿活力的意象，是我的能力不足以詮釋的意象。我不質疑那是否為意象，但那是以我們為內容的意象。[6]

根據榮格的意象，個體化的目標是體認我們的「我」是「以自性為中心點的這個『太陽系』中不可或缺的部分」，意識繞著這層體認轉動，就像地球繞著太陽轉，兩者不可分離，互為一體，儘管我們未曾覺察。因此人格的重心在自性中搖擺，那是深層的定位點，是不同極端心靈匯集之處，在榮格心理學中是以曼陀羅意象代表。[7]

如我們所知，若只從我的觀點出發體驗個人生活，會在無能和全能兩個極端之間搖擺，也就是在焦慮、害怕、絕望，或是全權掌控自己、人和事的欲望間搖擺。無論是哪一種情況，都有一個客觀限制，一旦超越這個限制，我就會失控，這個客觀限制包括我們的先天脆弱、時間流逝、生老病死，以及我們自身死亡的極限。

在〈十字架的道路〉內在對話中，榮格對這樣的心理條件做出如是描述：

　　沒有人爬到比自己更高的地方，而不把他最危險的武器轉向自己。想要攀越自己的人，應該往下

　　　　　積極想像：與無意識對話，活得更自在 ├

爬，把自己吊在自己身上，使勁把自己拉到獻祭之處。但是什麼才能讓一個人了解，外在可見的、他可以用自己的手觸摸到的成功，是他的迷途。要經歷怎樣的痛苦，人才能放棄他對同胞有支配權、要求別人都要一樣的渴望。要流多少血，人才能睜開眼睛看到自己的道路，視自己為敵人，察覺自己真正的成功。你應該可以與自己生活，而不是以鄰人為代價。成群的動物不是他兄弟的寄生蟲或害蟲。人啊，你甚至忘記你也是動物。你大概還以為別處的生活比較好，你的鄰人若是也這樣想，你就可憐了。但是你可以確定他也是這樣想。必須有人開始不再幼稚。

你的渴求在你之內滿足自己。你不能給你的神獻上比你自己更珍貴的祭品。你的貪婪會吞噬你，因為這會讓它疲累安靜。你會睡個好覺，把每一天的太陽當作禮物。如果你吞噬別的事、別的人，你的貪婪就永遠得不到滿足，因為它渴望更多，渴望最寶貴的你。這樣你就強迫你的渴望按你自己的道路走。當你需要幫助或建議，你可以請求別人提供，但是，你不應該要求別人，不應該渴望或期待任何人，除了你自己。因為你的渴求只能在你自己之內獲得滿足。你害怕在你自己的火焰裡燃燒。但

願什麼事都不會讓你這樣做，無論是別人的同情，還是你對自己更加危險的同情。因為，你應當與自己生活，與自己死亡。

當你那貪婪之火把你吞噬，你只剩下灰燼的時候，你不再有東西是固定不動的。然而，你那吞噬你自己的火焰啟發了很多人。當你充滿恐懼地逃離你的火焰，你燒焦了你的同胞，而且只要你不渴求你自己，你的貪婪對人的燃燒折磨就無法熄滅。[8]

榮格歷史學者索努·山達薩尼（Sonu Shamdasani）對《紅書》中榮格探討我與自性的關係，有如是論述：

榮格認為，每個人都有能力與自己對話。而積極想像不外乎是一種內在對話形式，一種戲劇化思考，重要的是不去認同所產生的思想，擺脫那些思想是自己產生的幻覺。重要的不是詮釋或了解這些幻想，而是體驗它們。榮格認為如果投入幻想，應該以字面意義對待之，而在面對詮釋問題時，則要從象徵角度對待之。[9]

積極想像方法是一個工具，讓我們覺察對話方在我們的內在生存、運作，跟集體意識互動，因此積極想像方法實務

　　　　　　　積極想像：與無意識對話，活得更自在

與個體化歷程不可分離，負責提供「名為個體的致命組合最美好呈現」[10] 的客體形式。

運用連結外在與內在事件、個體與集體、意識與無意識、我與自性等等之間的互相和補償關係，我們變成了極端心靈整合和完整人格建構歷程的積極部分。這個歷程通往幸福，啟蒙主義哲學家稱之為「幸福論」（eudemonism）：人有好的代蒙（daimon），或是用心理學術語來說，人跟自性成了好朋友。

下一個夢境描述的是個體化歷程、積極想像實務和幸福之間的關係。

極端心理的整合經驗：明亮如白晝的夜晚

　　結束一場以積極想像為主題的大會後，我發現我身處的城市並非我居住的城市。我跟一名非白人的男性友人在一起，我們走在老城的街道上。街道兩旁有很多手工藝品店，讓我覺得我應該是在摩洛哥。我跟我的朋友走下通往老城中心的台階，我們手牽著手，我清楚知道我們肌膚相親讓我覺得很開心。時間是晚上，我抬頭望向天空，發現天色明亮，很像畫家雷內・馬格利特（Rene Magritte）的畫。我心想或許我們是在斯德哥爾摩，即使在夜半時分依舊太陽高懸。我跟我的友人說，在大會之前我就注意到天色大亮，是明亮如白晝的夜晚。我在南與北、男與女、黑與白、心與身、日和夜、明和暗的對立中感覺到平衡、滿盈和完整。我醒來的時候覺得分外自在幸福。

註釋

1　原註 98：McGuire W., Hull R.F.C. 主編，《榮格說：訪談與會晤》（*Jung parla. Interviste e incontri*），Adelphi 出版社，米蘭，1995 年，pp. 405-406。

2　原註 99：榮格，《心理類型》，收錄於《榮格全集》，第 6 卷，Boringhieri 出版社，都靈，1969 年，p. 463。

3　原註 100：同上，pp.464-465。

4   原註 101：同上，pp.464。

5   原註 102：榮格，《論重生》（*Sul rinascere*），收錄於《榮格全集》，第 9* 卷，
     Boringhieri 出版社，都靈，1980 年，p. 120。

6   原註 103：榮格，《我與無意識的關係》（*L'Io e l'inconscio*），收錄於《榮格全
     集》，第 7 卷，Boringhieri 出版社，都靈，1983 年，pp. 235-236。

7   原註 104：在榮格的分析心理學中，曼陀羅代表的是自性的原型意象。那是一個
     幾何圖形，由圓形和矩形組成，在諸多宗教中被視為冥想的視覺輔助工具。

8   原註 105：榮格，《紅書》，pp. 310-311。

9   原註 106：同上，p. 217。

10   原註 107：榮格，《我與無意識的關係》，p. 235。

關於「接受分析」
（和積極想像）

我不斷嘗試。我不斷犯錯。沒關係。
還會繼續錯。錯得好。

　　　　　　山繆·貝克特（Samuel Beckett）

在以探討「每個人都擁有的身心幸福要素」為主題的心理分析系列座談會「人生是對話」[1]中，有人問我這個問題：

心理分析是有錢有閒人士的專利……，還是適用於所有人，可以讓人成長的有效治療工具呢？[2]

我想從我當時的回答開始，以說明我對「接受分析」的定義，以及究竟何謂積極想像。

當時我對這個問題的回答，靈感來自於指控「心理分析師劣跡」的一本書，是由一位對佛洛伊德分析[3]非常失望的病患所寫。作者提出一個似是而非的觀點：有時候病患提供用來分析的經驗，不能被視為可分析的「真實」經驗。這是什麼意思？

我們先往後退一步。佛洛伊德於 1983 年 9 月為自己的老師，也是心理分析之父神經學家讓 - 馬丁・沙可（Jean-Martin Charcot, 1825-1893）所寫的訃聞中，追憶一件往事，是發生在巴黎薩爾佩特里厄爾醫院（L'hôpital Salpêtrière）周二課程上的一件事，佛洛伊德自己就是事件主角，因此對那件事留下深刻印象：讓 - 馬丁・沙可對佛洛伊德說，「那個理論是好的，但是並不妨礙存在」，這個說法跟某些研究歇斯底里症的「臨床新發現」相悖：「理論可有可無，重要的

　　　　積極想像：與無意識對話，活得更自在

是臨床」[4]。

可想而知，多年來接受心理分析的病患的行為舉止，就某方面而言，很像是青年佛洛伊德面對讓-馬丁·沙可的時候，他們無法看見新意，在觀察中辨識出「新發現」。

讓-馬丁·沙可上課時談及這個態度常說，人往往只看到自己當下學會看到的，而且對自己突然間看見新事物嘖嘖稱奇，（……）殊不知這些新事物說不定跟人類文明同歲。[5]

讓-馬丁·沙可說出這番話百餘年後，今天要探究的是心理分析實務中，是否有某些心理分析師採用的「分析」模式依舊有這種「視而不見」的風險，會不會仍有某些心理分析師未接受臨床新發現，以至於看見的「往往只是自己當下學會看到的」。

這個弔詭的發現來自於臨床實證對象是「另類」病患的心理分析師，他們分析的對象屬於非傳統或「少數」，屬於全新且極端的案例（外來移民、少數族群、受虐者，以及變性人、異源人工授精者、有子女同性戀伴侶及在外國文化薰陶下養成專業能力者等等）。這個新的現象要求心理分析師擁有更寬廣的理論視野及不同的臨床介入模式，不然就有可能坐實了某些人所言對新病患行「理論虐待」的行為：

（理論虐待）是指引用不當的理論、實務或治療手法而造成的虐待。這個現象發生在理論主張

要在某種臨床現實下採用某種方法，因此會有根據既有模式套用、裁切，或甚至完全不顧現實的情況發生。如此一來，理論模糊了相關人士的問題特殊性。（……）理論虐待會讓接受不當理論及不當方法治療的病患產生與二次創傷相同的癥狀：埋怨、冷漠、過動、哭泣、對專業照護人士有攻擊性或執著敵意、焦慮、放棄治療、恐慌、情緒低落……。（……）這種反覆的缺乏理解會導致早期病理遲滯反應「被誤解」，也會讓病患因筋疲力竭而逐漸與社會疏離。[6]

另一方面，從心理分析角度來看，也不能無視專家的聲音，例如英國心理學家亞當·菲立普（Adam Phillips）談及心理分析實務時寫道：

　　我感興趣的心理分析（……）應該試圖做到這一點：大量使用類比和攙和，因為藉由比較和對照、混合和配對的過程，可以得到更鮮活且截然不同的結果。首要態度是看待人生如同看待意料之外的事，或視其如未有定論之事，也就是說把它當作永遠可以用不同方法描述、不同觀點切入之事。[7]

我們回頭來談那位指控「心理分析師劣跡」的病患，以及她對她體驗到的佛洛伊德心理分析的徹底失望。在那本書最後，這位病患如此寫道：

　　　　一位我很在乎的友人看了這本書之後，很委婉地提醒我，說字裡行間流露出對完美分析師的渴望。（……）「總之，你得知道，跟安卓系統一樣的心理分析師並不存在」，他說，「所以你只能接受現實，或是，既然你不再信那套，就別再做心理分析了，好好生活，不要依靠任何神話。」[8]

　　「完美分析師」。分析經驗的目的難道是為了找到一位「完美分析師」？若果真如此，那麼停止作心理分析恐怕是再恰當不過的決定。在這位病患的個體化歷程中，尋找「完美分析師」是一個重要的進化跡象。

　　但是如果這位病患的見證是源自於她需要（顯然是無意識地）由外融入與另一個人的交會，而這個人跟自己心理成熟度、心理特質截然不同，「頭腦清楚、善解人意、懂得反諷、睿智過人」，我認為還應該具有批判精神、理智坦率、有責任感，承認自己並非無所不能，有同理心及同情心等等；就內在而言，病患需要與因極端心理整合而生的深層取向相融合，也就是心理文學上廣泛稱為「自性」的，那麼事

情就大不相同。

我們試著從這個觀點，也就是尋找深層支點這個觀察角度來審視「接受分析」。大家都知道，支點這個詞來自於古希臘數學家阿基米德的一句話：「給我一個支點，我就能推動全世界」（Da mihi ubi consistam, terramque movebo）。我們可以用這個隱喻，將心理分析實務看成一個心靈實驗室，實驗室的目的是找出我們的「支點」，也就是「能推動（我們心靈）世界」的內在槓桿，同時問問那位病患的經驗中發生了什麼事，什麼東西功能不彰，以至於她忍不住要發言控訴。

我們若運用「古典」詮釋模式回答這個問題，或許可以看出她的內在問題如何表現於外（也就是做主觀閱讀[9]）。如此一來，問題或許能夠粗略地得到解決，可以（不無道理）類比為未能獲得解決的移情精神官能症[10]。說不定病患能將自己的負面移情投射到心理分析空間裡，將分析師等同於父母，將心理分析等同於內在衝突經驗。

或許吧。但就算如此，我們還是要問：為什麼沒辦法讓這個移情與意識整合，改造它？為什麼即便做了十年心理分析，也無法解決負面移情？是什麼原因導致無法消解，若能將被鎖住的能量釋放出來，是否有可能幫助這個人度過她的負面輔導經驗，走向自己的創造層面？

由於這個論述純粹是從臨床出發，有待進一步研究觀

積極想像：與無意識對話，活得更自在

察，我想另闢蹊徑，從下面這個問題開始：這位病患是否曾以客觀角度思考現今以有待商榷方式作心理分析的幾個面向？畢竟我們不能先驗地質疑病患陳述的內容是否受到負面移情的影響。

關於這一點，地緣政治臨床心理學創始人錫隆尼寫道：

> 如果不夠謹慎，採用現行方法論（心理學、醫學、社會學、教育學）切入很可能會有醫源效應，讓治療產生反效果。尤其是我們在做臨床實踐時，如果讓理論凌駕於現實之上，就會導致這樣的懷疑行為：懷疑問題的特異性，（……）懷疑創傷的影響，以至於在經過對各個環節的整體考量後，不承認創傷當事人的特異性。[11]

另外一個不容忽視的是，有時候閱讀臨床報告，一切看似完美，實際上卻缺乏生氣。報告依據的理論引用無誤，陳述案例行雲流水，可是看完後的感覺是這個故事似曾相識，然而心靈上隱而不顯的、無人知曉的、出乎意料的、無法預期的部分，也就是「無意識」，卻不見蹤跡。

無意識。既然與意識無關（不再是意識，或還不是意識），一如佛洛伊德所言之「詭異」（das Unheimlich），這樣不是理所當然嗎？我想起了德國神學家兼心理分析師奧

根‧杜爾曼（Eugen Drewermann）在談及天主教會神職人員時，用了一個很強烈的說詞：「天主的官僚」[12]。心理分析界也不例外，有時候難免遇見缺乏獨立精神、墨守心理分析成規、對自己工作批判精神不足的「心靈官僚」，即便理論運用無誤，也是一件硬套在病患身上的成衣，無法切合病患的特質及個人要求和形象所需。

　　一則猶太故事中有一名不稱職的裁縫為客人做了一件衣服，剪裁得非常糟糕，還非得讓客人穿上身適應它，逼得客人走路姿勢彆扭歪斜。有路人看到那個倒楣的客人走在街上，說：「他找的裁縫真厲害，這個可憐的傢伙身體殘障，那裁縫還能幫他量身作出如此完美的衣服，無比貼身……」。這是典型的倒因為果。

　　仍然以裁縫為例。難道心理分析師不應該當一個為客人量身訂做完美貼身衣服的裁縫，而應該向馬馬虎虎的裁縫或在大賣場硬說每個人都適穿的成衣部店員看齊嗎？佛洛伊德心理分析有超過百年歷史，經歷過多少變遷，當年那件獨一無二、手工細膩的「衣服」如今難免顯得陳舊過時，除非把它當作具有高昂價值的古著衣看待。不過，話說回來，要這麼做，我們必須瞭解我們的工具和能力，不能將我們的無能和／或限制全然推諉給病人。

　　佛洛伊德獨領風華的那個維也納距離今天已有一百多年，社會背景和病患心理狀態肯定有所不同。今日社會不再

像早年那般保守，行為舉止的規範也寬鬆許多。以前的病患做心理分析是為了解決主要來自性壓抑和抑制本能而產生的衝突矛盾，今天病患坐在診療室內則是因為無力感和深層的心理迷茫。一種「無意識回歸」似乎打擊了個人意識和集體意識，因此削弱了檢視內在和外在情況的能力，難以做出判斷，或確立個人立場。由於超我在面對自我時崩塌，所以意識中控制衝動的能力衰退，而同一時間調適表達的能力未見成熟。

在佛洛伊德那個年代，基本上假設病患沉浸在本我中，包括個人人格的幼年時期也不例外，才能讓排除本能衝動成為有意識的作為。今天情況當然大不相同。今天無論是個人或集體，都有迫切需求要去安撫常常受衝動、焦慮或徵候驅使的自我，以建立一個有智慧及創造力的成年。如果分析師以照本宣科的方式執行超我準則（例如，不知變通地遵循狹義的心理分析規則），病患恐怕會受到侷限，被迫留在幼年時期，沒有機會轉化，而且會有很多內疚效應。[13]

榮格在他的文章中多次重申，深層心理學家不能讓病患接觸分析師自身也未曾觸及的心理認知和人格發展問題。關於這一點，他在過世前兩年所寫的〈無意識入門〉一文中，簡單扼要地說明了分析心理學的幾個重要觀念：

（……）心理學必然會跟兩個個體之間的關係

有關,沒有任何一個個體的主體性人格能被剝奪,或以某種方式去人格化。分析師與病患在面對雙方客觀選定的特殊問題時要能夠達成一致,一旦他們開始作心理分析,他們的人格就會完全投入到討論中。這時候,唯有彼此達成共識才能有所進展。[14]

他還說道:

（……）如果分析師不努力批判自身立場,承認自己觀點具有相對性,他永遠無法得到正確資訊,也無法真正理解病患的心理。心理分析師至少應該要讓病患願意聆聽,並且認真思考他說的話,反之亦然。（……）不要忘記,在診療過程中最重要的是讓病患能夠明白,而不是滿足心理分析師預設的理論訴求。病患若對分析師的詮釋有所牴觸未必是錯,恐怕是某個環節沒有發揮作用。可能的狀況有二:一是病患還未能完全理解,一是分析師的詮釋不當。[15]

榮格認為治療要有進展,必須「彼此達成共識」,而且「重要的是讓病患能夠明白,而不是滿足心理分析師預設的理論訴求」。[16]

榮格特別強調，對病患而言最根本的是心理發展，同時要讓自然生命進程運轉。如此一來，病患能學會認識自己，了解自己的本質，才能勇敢地承擔責任，至於分析師，「與其說是治療，不如說是病患創造潛力得以發展的推手」[17]。在進行分析實務時，必須將注意力專注於接受分析的病患心理發展、前景和創造力，而非僅關注退化面向，當注意力放在意識和無意識新連結的發展與創造上，才能將人格引導至有動力、可轉化的平衡狀態上。為了讓病患能夠實現自身的心靈潛力，心理分析師要有覺知，要夠成熟，同時具有創造力，懂得在心理動力的矛盾衝突中靈活運用。

　　美國心理分析師奧格登寫道：

　　　　（……）我要討論的是在重新認識心理分析時，與我個人經驗重疊交錯的三種型式：1. 在跟每個病患進行每一次分析診療時，創造新的心理分析；2. 檢視經驗和作心理分析時所學到的一切，都有助於重新認識心理分析；3. 在閱讀及書寫分析資料和文學作品時自行「夢想」心理分析。[18]

　　奧格登認為，「心理分析師應該對每一個病患發展出一套新的心理分析學」[19]，並且重申診療過程中說話和臨床介入方式的重要性，即便這些看似「與心理分析無關」。奧格

登所指的是他稱之為「說話如夢想」的人際交流模式。

　　病患的夢想與分析師的夢想「重疊」之處便是需要做分析的區域。我認為夢是心靈最重要的心理功能：凡是有無意識的「夢工作」的地方，就是無意識的「理解工作」的地方（……）；凡是有無意識的「夢想家作夢」的地方（……），就是無意識「夢想家理解夢」的地方。[20]

　　奧格登在書末結語處有如是說明：

　　　　在這個持續一生的歷程中，我們開發了更多的思索／夢想情緒經驗的能力。然而，到了某個時間點（這個時間點因每個個體而異），會發現我們再也無法思索／夢想我們的經驗。在那個情況下，如果我們運氣夠好，會有另外一個人（或許是母親，或許是父親，也或許是心理分析師、輔導員、另一半、兄弟、知心好友）有意願也有能力跟我們一起投入這個歷程，去夢想那之前無法夢想的經驗。作夢──無論是我們自己完成，或有旁人陪伴──是我們思想的最深層形式，是我們進行心理工作、摸索著想要面對情緒歷程事實或與之和解以存在、成為人的主要工具。[21]

　　我認為奧格登所說的「一起做夢」這個遠景，跟榮格的

　　　　　　　　　　積極想像：與無意識對話，活得更自在

「彼此達成共識」基本上雷同，不僅在心理分析範疇，也在廣義的人際關係中體現了今天心理分析最具創造力和生命力的一項挑戰：為每一位病患發展出一套心理分析學，提升跟每一個人進入獨一無二對話關係的能力，同時要開發我們的「右腦」，和我們及他人有意識和無意識情感的、開放且不帶偏見的社交技巧。就此而言，榮格的積極想像方法可以當作一種實用且具體的日常練習，以訓練我們面對各種差異性的能力和意願，包括意識或無意識的，外在或內在的，個人或集體的。

這條路肯定收穫滿滿，一方面我們從神經科學研究可知，以無意識情感為本的諮商能力和社會關係基本上也有演化價值[22]；另一方面，從經歷過極端事件存活下來的見證人處得知，儘管他徘徊在「生存邊緣」[23]，但他並未喪失人性[24]。

美國神經科學家雅克‧潘克塞浦（Jaak Panksepp）談及對情感有益的社會關係時，是這麼說的：

> 當我們有友善的陪伴，我們會覺得自在、正常，如果我們是跟所愛的人在一起，這種感覺會更強烈，特別是之前分開過一陣子的話。我們往往以為這些感覺是理所當然的，就跟我們呼吸的空氣一樣。大錯特錯。因為當我們親近的人過世，這種理

所當然的感覺會突然消失，身為社會生命體的我們會身陷最深的傷痛中難以自拔。以日常用語形容，這種情緒我們稱為哀慟，最嚴重的情況下會變成恐慌。同樣的深層情緒，情況略為緩和、但持續長時間的是為孤獨或低潮。這種心理折磨讓我們知道我們所失去的有多重要。用心理學名詞來界定何謂「重要」並不簡單，若是從進化角度來看的話就容易許多。如果我們失去的是我們對其進化投注大量關注的（例如子女），或是曾經協助我們成長的（例如父母、朋友、親人），也就是與我們有社交關聯的，痛苦就越深。如果在年幼時期、仍須仰賴父母的時候失去雙親，打擊就更大；長大後失去年邁父母，痛苦較少、時間較短。反之，一個人若失去子女，他的基因和情感寄託永遠受創，痛苦既深且長，與幼年時失去照顧養育者的傷痛程度相同。[25]

義大利歷史學家尼辛（Gabriele Nissim）多年來一直在說「義人」的故事，也就是那些「能夠成為陌生人的朋友，並且修補那人遭受不公待遇」之人的故事。他說義人會「施魔法，將外人變成朋友」[26]：

　　人沒有其他可能：為了能夠揮灑有限的生命，

　　　　　　　　　　　　　　積極想像：與無意識對話，活得更自在

彌補自身的不完美，人必須團結一致、互相扶持。人與人之間的關係至為關鍵。彼此付出和獲得，是人類力量的唯一前提。沒有彌賽亞會從天而降，但是一個人可以成為另一個人的彌賽亞。「兩個人齊力勝過一個人獨力，兩個人辛勤工作的收穫更豐富。因為如果兩個人跌倒，一個人可以扶起另一個人。一個人跌倒，就沒有別人能拉他一把。」[27]

值得注意的是，就連在政治界，現在也熱衷於討論「右腦」協調、整合特定創意情感與社會行為的必要性。美國心理學教授威斯騰（Drew Westen）在《政治頭腦》[28]一書中主張情緒在決定國家命運中扮演了重要角色，有效的政治抉擇常常是在情緒而非理性的引導下完成的。因此，跟我們自己的情緒及他人情緒建立並發展有意識的、積極的、負責的關係，會讓我們更有效率，更能夠變通，包括政治運作也是如此。

如前所述，積極想像實務是一種日常練習，訓練我們可以面對意識或無意識、外在或內在的各種差異性，將我們的人格從對我的認同中剝離出來，將焦點轉移到自性的心理作用上。若仍以政治做比方，積極想像實務就像是平日行使的民主權利，以「心靈和事實的多元文化」[29]為目標，一如非洲諺語所言：

你如果會走路，就會跳舞；你如果會說話，就
會唱歌；你如果會思考，就會做夢。[30]

註釋

1　原註 108：「人生是對話」（La vita è conversazione）座談會紀錄（佩雷索 Patrizia Peresso、提巴迪主編），Casa di Goethe 出版社，羅馬，2010 年。

2　原註 109：參見 www.fattitaliani.it.

3　原註 110：提巴迪，〈關於分析〉（A proposito del "fare analisi"），《無意識之賊！心理分析師之劣跡》（Inconscio ladro! Malefatte degli psicanalisti）前言，作者安珀西（Elisabetta Ambrosi），La Lepre 出版社，羅馬，2010 年，pp. 165-186。

4　原註 111：提巴迪，〈那個理論是好的，但是並不妨礙存在〉（La théorie, c'est bon, mais c'a n'empêche pasd'éxister），收錄在第四屆義大利心理學會研討會專刊《現實與超現實》（Realtà e surrealtà），1990 年 10 月 4-7 日，伊斯基亞（Ischia），pp. 65-71。

5　原註 112：同上。

6　原註 113：錫隆尼（Françoise Sironi），《集體暴力：地緣政治臨床心理學研究》（Violenze collettive. Saggio di psicologia geopolitica clinica），Feltrinelli 出版社，米蘭，2007 年，p. 146。

7　原註 114：亞當・菲立普，《談吻、搔癢和煩悉》（Sul bacio, il solletico e la noia），Ponte alla Grazie 出版社，米蘭，2011 年，p.15。

8　原註 115：安珀西，《無意識之賊！心理分析師之劣跡》p. 157。

9　原註 116：做臨床資料主觀閱讀是指聆聽病患在診療時的敘述，當作病患的內在描述。

10　原註 117：移情精神官能症是指病患的無意識衝突性重演，在分析報告中呈現，透過這個呈現能夠看見病患童年面向的心理運作。

11　原註 118：錫隆尼（Françoise Sironi），《集體暴力：地緣政治臨床心理學研究》，p. 145。

12　原註 119：奧根・杜爾曼，《天主的官僚群像：理想心理圖析》（Funzionari di Dio. Psicogramma di un ideale），Raetia 出版社，波爾札諾（Bolzano），1995 年。

13　原註 120：對佛洛伊德及佛洛伊德心理分析的深入批判，請參見 Onfray M., Le crépuscule d'un idole: l'affabulation freudienne, Grasset 出版社，2010 年。

14　原註 121：榮格，〈無意識入門〉（Introduzione all'inconscio），收錄在《人類與

符號》（*L'uomo e i suoi simboli*），Longanesi 出版社，米蘭，1980 年，p.40。

15 原註 122：同上，p. 44。

16 原註 123：關於分析實務這個議題，美國心理分析師奧格登（Thomas H. Ogden）
認為：「心理分析師的責任不在於心理分析，而在於照顧病患的感受。病患之所
以找心理分析師──而且往往是不自覺地──不是為了『被分析』，而是為了
尋求協助，希望透過心理學讓自己活得不那麼痛苦，或不那麼孤獨、空虛、缺乏
自我意識，少一點消極，少一點自私。心理分析的目的不是將所有（根據所屬學
派訂定的）分析準則付諸實施，而是以分析方式了解病患的困境。」（奧格登，
《心理分析的藝術：夢見未夢之夢》*L'arte della psicoanalisi. Sognare sogni non sognati*，
Cortina 出版社，米蘭，2008 年，p.29）

17 原註 124：榮格，《現代心理治療問題》（*I problemi della psicoterapia moderna*，
1929），收錄於《榮格全集》，第 13 卷，Boringhieri 出版社，都靈，1973 年，p.
50。

18 原註 125：奧格登，《重新認識心理分析：思索與夢想，學習與遺忘》（*Riscoprire
la psicoanalisi. Pensare e sognare, imparare e dimenticare*），CIS Editore 出版社，米蘭，
2009 年，p.2。

19 原註 126：同上，p. 21。

20 原註 127：同上，p. 22。

21 原註 128：同上，p.175-176。

22 原註 129：蒙塔古（Ashley Montagu），《高貴的野蠻人：侵略性之教化》（*Il
buon selvaggio. Educare alla non aggressività*），Eluthera 出版社，米蘭，1999 年；蒙塔
古，《我們都是孩子》（*Saremo bambini*），Red 出版社，科莫（Como），1992
年。

23 原註 130：日本阪神大地震生還者原田先生寫道：「有人說當我們失去食物、衣
服、房子，當我們在生存邊緣的時候，我們的臉才會展露出真正的樣貌。」

24 原註 131：關於心靈、大腦和人際關係的互動連結，請參考丹尼爾·席格，《第
七感：自我蛻變的新科學》，Cortina 出版社，米蘭，2011 年。

25 原註 132：潘克塞浦，《情感神經科學：人類和動物情緒之本》（*Affective
Neuroscience. The Foundation of human andanimal Emotions*），Oxford University Press 出
版社，紐約，1998 年，p. 261。

26 原註 133：尼辛，《一頭熱的善意：義人的祕密》（*La bontà insensata. Il segreto degli
uomini giusti*），Mondadori 出版社，米蘭，2011 年，p. 15。

27 原註 134：同上，pp.9-10。

28 原註 135：威斯騰，《政治頭腦：情緒如何左右國家命運》（*La mente politica.
Il ruolo delle emozioni nel destino di una nazione*），Il Saggiatore 出版社，米蘭，2008

年。

29　原註 136：參見提巴迪，*With Heart and in Facts, Proceedings of theFifteenth International Congress for Analytical Psychology*，Daimon Verlag 出版社，Einsiedeln，瑞士。

30　原註 137：赫曼・西蒙、丹尼洛・札塔（Hermann Simon, Danilo Zatta），《經理人一定要知道的智慧箴言，及適用各種場合的嘉言》（*Aforismi per il manager. Le migliori citazioni perogni occasione*），Hoepli 出版社，米蘭，2011 年，p.40。

積極想像：與無意識對話，活得更自在

有意識地建構
「快樂生活」

我們失敗後又再失敗（……）只為了有活的
時間。

（積極想像案例）

美國神經科學學者達馬西歐在《斯賓諾莎研究：情緒、情感和大腦》一書中闡述在現代生物學影響下，人性這個概念朝向什麼方向發展，同時對如何擁有安逸人生認真省思，儘管人類生存有其根本之「悲劇性」。

達馬西歐寫道：

> 我們被賦予了意識與記憶這兩個天賦，以及寬容，這些天賦表現在人生舞台上，助長了悲傷狀態，無論過去或現在皆然。幸好，這些天賦也是無盡喜悅的來源，是人性的光輝。覺知、審慎地生活並非全然是不幸，其實也有優點。換一個角度來看，任何足以將覺知、審慎人生轉變成安逸人生的計畫，首先要思考的是如何抵擋因為痛苦和死亡而引發的焦慮，其次要思考如何消除焦慮，並且以喜悅取而代之。研究情緒和情感的神經生物學以頗具啟發性的口吻告訴我們，喜悅及相關情緒比痛苦和其他類似感受討喜，對我們的健康和創意發展也更有利。所以，合理的決定是，我們應該要創造喜悅，不要管這個研究看起來有多麼愚蠢、不切實際。假如我們並未深受迫害、貧困潦倒，卻又無法讓我們相信自己是這個世界上的幸運兒，或許是因為我們努力不夠。[1]

關於人類心靈的最新研究顯示,「人性比我們所以為的更為殘酷和冷漠」[2],所以當我們面對痛苦和死亡意識的時候,我們一方面會陷入「情緒失序」,另一方面我們會覺知一個不可逆的事實:「認識情緒、情感及其機制,對我們的生活方式確實極為重要。」[3]這句話是什麼意思?延續斯賓諾沙和詹姆斯・希爾曼思想的達馬西歐說:

> 我們可以試著找出方法以對抗表面的殘酷與冷漠。人類應該如何完整展現自我沒有任何預設,所以,換一個角度說,人類可以自行決定。維持奮戰精神,或許比斯賓諾沙給予我們的那個幸福高貴假象,更能讓我們覺得只要我們多多關注他人的幸福,就永遠不會感到孤單。(⋯⋯)我相信新的知識可以扭轉人類在這場競賽中的局勢。正是因為這個原因,綜觀種種,儘管痛苦多過於喜悅,我們還是要心懷希望。勇往直前的斯賓諾沙對此無感,但我們這些俗世之人必須懷抱此一心情。[4]

因此,認知我們是由什麼組成,能夠面對人類的焦慮,並且在掌控焦慮的同時發展出富創造力反應的可能性,就演化而言是最恰當的路徑。深層心理學重要推手憑藉突出的直覺能力發現並賦予理論架構的一切,今天經由神經科學得到

了證實。

事情不僅如此。臨床工具讓我們有了實踐個人及社會幸福此一「預設」的可能性，因為我們知道一個人不能沒有別人而獨活。我們必須超越個人空想，有意識地建構每一個人和集體的「快樂生活」。建立共同利益的另外一個重要關鍵是覺知，包括個人覺知及社會覺知，我們心靈裡有一個無意識、神祕層面，在人類生命中扮演關鍵角色。

我想起被譽為二十世紀狄德羅[5]的法國哲學家艾德嘉·莫杭（Edgar Morin）在九十歲生日前夕的訪談中說過：

> 我若只受理性之光引導，我會說世界性將毀滅，我們都在深淵邊緣，我們眼前所見的種種跡象都顯示末日將至。但是在人類史上有總有意外發生，總有出人意表的事情改變發展走向。所以，老實說，我是很樂觀的。[6]

分析心理學的積極想像法可用來給「意料之外」保留空間：對意識和無意識心靈之間的複雜關係有所覺知，讓我們內在心理的不同面向說話，不管結果如何，與其對質，確定立場。

說到意識與無意識的複雜關係、生命的神祕面向和闡述這一切的文字，我想到義大利小說家維隆內西（Sandro

　　　　積極想像：與無意識對話，活得更自在 ├─

Veronesi）最近出版的小說《XY》，談的正是生命的神祕面
向，同時對話語如何扮演「陳述」不安經驗這個無可避免的
角色有所省思。維隆內西寫道：「如果言語能夠形容，就有
可能」。意識、祕密、話語之間的關係，讓小說中兩個主角
之一說出下面這段話：

> （……）在初始之日或是一直以來都是旅人的
> 我指控農夫一無所知或是從現在開始化身農夫的我
> 一邊鋤地一邊客客氣氣回答他說是的先生沒錯先生
> 我什麼都不知道先生不過迷失的人是您不是我。[7]

所以，如果有話語能夠陳述人類生命神祕、不可預期、
出乎意料的種種，能夠維繫與人類生命的關係，不會被視為
緣木求魚；如果我們試圖成為一個生命體，成為生命複合體
和能陳述生命之話語的矛盾體現，那麼這本談積極想像的書
就有其存在的意義。

亞當・菲立普談及在分析實務協助下可以實踐的幾種
「快樂生活」，寫道：

> 我感興趣的心理分析（……）應該試圖做到
> 這一點：大量使用類比和擬和，因為藉由比較和對
> 照、混合和配對的過程，可以得到更鮮活且截然不

同的結果。首要態度是看待人生如同看待意料之外
的事，或視其如未有定論之事，也就是說把它當作
永遠可以用不同方法描述、不同觀點切入之事。
（……）作為一種談話形式，心理分析之所以有價
值，在於它能夠讓我們的人生更有趣、更開心、更
沮喪或更煎熬，或是因為它能夠讓我們欣賞人生、
樂於提升人生。心理分析之所以有價值，主要是因
為它幫助我們找到跟我們自身有關、但我們不懂得
欣賞的新事物。新德行總是彌足珍貴。[8]

積極想像是源源不斷、不虞匱乏的內在對話，可以幫助
我們找到於自身有關的「新事物」，提供我們以更鮮活、更
與眾不同的方式重新規畫人生的可能性，讓人生充滿意料之
外的事，或視其為未有定論之事。

＊　　＊　　＊

就此觀之，積極想像可以讓想像者的「自由靈魂」對自
身透露想像者個體化歷程的下一步該何去何從。

積極想像：自由的靈魂

自我：我的靈魂，飛翔吧。飛向大海，飛向光，訴說你愛的能力。

靈魂：我終於自由了。你看到了，你也知道了我需要什麼。我需要離開身體，自由飛翔。你的工作就是讓我飛翔。

自我：我之前不知道，也不明白。我覺得在我裡面很沉重，很緊張。是你想要離開，不斷施壓。我原本不懂，我不知道你被困在身體裡，一心想要離開。現在我懂了。或許身體感到痛苦是為了這個原因？

靈魂：嗯，是的。因為身體疼痛，你被迫將身體和靈魂分離。身體就像跟果實剝離的那層果皮。果實是飽滿的，需要離開見到外面的光。

自我：好，現在我知道該如何跟你相處了。我知道你可以飛，你可以離開，我也覺得鬆了一口氣。那麼我呢？接下來我會怎樣？

靈魂：你不是你的身體，你是觀察者。你的角色是觀察並為你所見當見證。我們要為此發言，但是我們什麼都不需要做，只要不阻礙靈魂路徑即可。

自我：你此刻要做什麼？你有什麼必須完成的任務嗎？

靈魂：去敲響一個尚未甦醒的男性靈魂的門。去敲門。我的任務是讓男性和女性執行自己的命運。我的任務是敲響男性的門直到他打開門迎接我為止。我會送很多禮物給有勇氣迎接靈魂的人。

自我：你這次會成功嗎？

靈魂：會的，即便暗黑惡魔來搗亂，他們會用盡方法讓計畫失敗。

自我：為什麼？

靈魂：因為光等於身體之死。當你的生命被光照耀，你的任務就是要撐到最後。你會有足夠時間為你的經驗作見證，但是你的生命即將結束。靈魂的最高實現就是身體的死亡。

自我：所以我們才會一再失敗嗎？

靈魂：對，為了有時間活。計畫也可以在最短的時間內完成，但是生命需要時間發展並完成。靈魂要想被看見，得讓身體充滿自性，入味然後放手。身體則應該用靈魂調味，這樣才能讓不知道如何面對自性真實的人一個概念。身體應該先充滿靈魂然後才放手，讓心靈回歸全然自由的狀態。靈魂是特定人生命的靈，我們應該要先解放靈魂擺脫身體，然後要解放生命之靈擺脫靈魂。

自我：所以我現在除了在執行我的任務外，也在執

行你的及生命之靈的任務。

　　靈魂：是的。

　　自我：謝謝你。希望你旅途順利。我想旅途一定會
順利。

　　靈魂：對，一定順利。

　　自我：對，一定順利。

註釋

1　原註 138：達馬西歐，《史賓諾莎研究：情緒、情感和大腦》，pp. 319-320。

2　原註 139：同上，p.339。

3　原註 140：同上，p.339-340。

4　原註 141：同上，p.339-342。

5　譯註：狄德羅（Denis Diderot, 1713-1784），法國啟蒙主義思想家、哲學家，
　　百科全書派代表人物之一，《百科全書，或科學、藝術和工藝詳解詞典》
　　（*Encyclopédie, ou dictionnaire raisonné des sciences, des arts et des métiers*）主編。

6　原註 142：基諾利（A. Ginori），〈莫杭訪談〉（Intervista a Edgar Morin），《共
　　和報》（*La Repubblica*），2011 年 1 月 2 日。

7　原註 143：維隆內西，《XY》，Fandago Libri 出版社，羅馬，2010 年，p.367。

8　原註 144：亞當‧菲立普，《談吻、搔癢和煩悉》，Ponte alla Grazie 出版社，米
　　蘭，2011 年，p.15-16。

致謝

面對無意識意象這麼多年後，今天我想我可以說的是，我的個體化歷程主要是以「消極」方式完成的，經歷了各種缺憾與放棄。

我想起法國先鋒派文學史家菲利浦‧福雷（Philippe Forest）談及卡繆，他寫道：

卡繆改編威廉‧福克納的長篇小說《修女安魂曲》（*Requiem for a Nun*）時，打趣說（該書是一個「人生課題」，感覺凌駕於一切之上，但最後以教化人心收場）那些沽名釣譽的評論家有失公允地把道德倫理的帽子扣在他頭上，說他把別人的痛苦當成自己的「墊腳石」（讓自己可以「衝刺」的踏腳板，可以試想一下那個畫面，再加點喜劇效果）。不，痛苦不是墊腳石，而是一個洞，奇妙的是光卻來自那個洞。[1]

卡繆認為，「痛苦（……）是一個洞，奇妙的是光卻來自那個洞」。對我而言，當一個人曾經受過創傷或失去重要的人，而且是發生在幼年時期，例如我就是如此，那麼他的人生會不顧一切，有意識或無意識地持續繞著那個「洞」打轉。

這本書就是來自那個洞的那道光，是我從當年的創傷和

失去開始，面質生命所學到的一切（可惜並未得到「社會」認可）。這個面質阻礙重重，我不肯放棄，常常碰壁，但是話語，以及「訴說」的可能性，不斷為我指引希望之路。我發現「創傷」和「話語」其實是相互連結的，創傷越大，訴說的需求就越強烈。

要把創傷和話語連結在一起，這本書的書寫是必要的。所以，我固然衷心感謝我身邊所有參與這本書的人，但是我首先要感謝的是生命中的神祕晦暗創傷，讓我不得不「開口說」，儘管我說得不情不願。

〈最後一堂課〉講者蘭迪·鮑許（Randy Pausch）寫道：

> 經驗是，我們沒有得到我們想要的。這個收穫就是經驗。[2]

這本書是我的收穫，儘管我得到的並不是我想要的。

註釋

1   原註 145：菲利浦·福雷，《就算他有錯：一個犧牲小我的故事》（*Anche se avessi torto. Storia di un sacrificio*），Alet 出版社，帕多瓦（Padova），2010 年，p.117。

2   原註 146：蘭迪·鮑許，《最後一堂課》（*The last Lecture*），Hodder & Stoughton 出版社，倫敦，2008 年。義大利文版由 Rizzoli 出版社，米蘭，2008 年，p. 164。

如何操作積極想像

　　本篇專為《積極想像：與無意識對話，活得更自在》中文版而寫，旨在深入說明榮格的積極想像方法四個階段，希望能為中文讀者進一步釐清究竟積極想像實務如何操作。

　　此文是我擔任香港、澳門、台北（台灣）及中國國際分析心理學會（Association for Analytical Psychology, IAAP）培訓及督導分析師這段期間完成的，整理自短期課程講學教材，有助於快速理解其理論和實務操作。短期課程為期兩天，中間間隔一天，每天課程長度為三個小時，每次上課以六個人為一組。[1]如前所述，這個附錄遵循模組範例，主要目的在於進一步釐清積極想像實務如何操作，如何創造我與無意識意象之間的對話，並發展出我稱之為「觀察者」的第三個心理身分：

　　「（在香港）國際分析心理學會積極想像實驗小組持續努力下，學會成員已經直接經驗過『觀察者』這個心理身分，以及觀察者、我和無意識意象之間的關係。我設計了一個六小時的教案，也在義大利開設了培訓課程，看到了不同文化背景對榮格這個積極想像方法的有趣回應。除此之外，

我還提出了另外一個實務方法：積極深層書寫（Active Deep Writing），這是我長時間研究而得的一個分析方法，藉由書寫面對夢境、自發意象和積極想像。」[2]

然而我必須再度重申，積極想像方法並不是「一種派對遊戲」[3]，也無法靠看書學會，即便那本書談的是實務操作。要做積極想像必須具有分析經驗，而且在剛開始的時候，需要有專業的榮格心理分析師從旁督導。因此，此附錄的所有說明僅供作參考，需要透過心理分析或工作坊進一步了解，無論是已經有過個人心理分析經驗、希望能直接與無意識展開積極對話、清醒地面對無意識者，或是雖然沒有做過心理分析，但是對可能與無意識意象對話感到高度興趣而願意嘗試者。關於這一點，我想引用一位讀者的話，她在信中說：「我正在讀您的書，深深感到觸動，我還沒全部看完，但是我急於寫信給您，想請問您誰能夠教我做積極想像。我根據您書中解說開始自行練習，但是我沒有任何心理學基礎，我想剛開始還是有人指導比較好。」於是我跟她一起做個人操作，用的是我先前提到的六小時教案，以及我之後會說明的積極深層書寫方法。

我們先往下談。

積極想像方法的目的是創造我與無意識意象之間的對話，透過我稱之為「觀察者」的這個特殊身分，讓雙方皆發展出一個外在觀點。也就是建立一個省思態度，或榮格的正

積極想像：與無意識對話，活得更自在

念模式，以便觀察我－自性的極性動能，在面對浮現的意識心理和無意識心理資訊的時候能夠負起倫理上的責任。「觀察者」這個工具一方面可以讓我的作用和風格被意識看見，才能有目的性地進行改變，另一方面讓深層意象以複合核心及原型為本，在面對整個個體化歷程的時候負起責任。榮格在《榮格自傳：回憶，夢，省思》一書中寫道：「如果只理解了意象的一點皮毛，就認為那是意象的全部涵義，是極大的錯誤。如果一個人不把他的知識轉化為倫理上的責任，會淪落為權力原則的犧牲品，導致種種毀滅性的後果，不僅摧毀了別人，也摧毀他自己。無意識意象加諸於人身上的責任何其重大，對此不理解或缺乏倫理責任，將剝奪那個人的整體存在，有些個體的生活會因此而支離破碎。」[4]

所以，要做的是發展榮格的正念意識，跟認知領域的正念實務不同[5]，不光是要變成自己心靈歷程的觀察者，一旦將空間創造出來後，要讓不同的心理需求對話，並擔負起面對這些心理需求的時候選擇立場的最終任務。運用積極深層書寫技巧則有助於創造出能夠嚴謹縝密觀察我與自性的空間。

以下是積極想像方法的幾個階段。

積極想像方法的準備步驟如下：

1. 淨空心靈；

2. 讓無意識意象浮現；

3. 開始對話，並且書寫下來；

4. 以負責任、謹守倫理的態度面對浮現的資訊。

我們現在就逐一說明完成這些實務步驟的意義：

1. 淨空心靈是要將心靈中我的思維歷程清除。這個步驟
   在西方有時候會有爭議，因為西方人常常將人格等同
   於有意識的我，以及功能性思維，很少關注或完全不
   關注在我及自性無意識層面。我發現在東方「淨空心
   靈」這個步驟反而比較容易，或許是因為習慣於內傾
   和冥想，因此進入狀態所需的時間比西方短。不同於
   冥想，把我淨空後才能思索自性，榮格積極想像法的
   第一個步驟是要專注於讓自性的無意識意象自發地浮
   現，審視細節，之後用書寫將其「留住」：「盡量讓
   心境澄明，無所保留，將所有一切幻想及其他浮出的
   聯想都用文字固定下來。」[6]

2. 第二個步驟的目標是跟第一個意象建立起覺知關係、
   對話，但不讓我干擾或扭曲它。這個步驟可能面臨的
   困擾是會將來自於我的幻想跟無意識意象混淆，被理
   性化或美化等防衛機制導入錯誤方向。榮格說理性化
   是「理解之本」，採取的形式是「直接面對無意識產

積極想像：與無意識對話，活得更自在

出的『重要內容』，忽略了『適當表述下浮現的其他要素』。」[7]而美化則是「表述之本」，「……累積的素材被多樣化呈現、擴充，於是把動機『壓縮』成刻板符號，激發比喻性幻想，因此會傾向於當作美學動機來處理。」[8]這兩個機制都是為我及渴望的幻覺服務，對於養成真切的省思態度面對無意識意象其實有所妨礙。

3. 第三個階段是要面對我與從意識中第一個浮現的無意識意象之間的對話，並且將對話如實地寫下來。積極想像者跟浮現的意象交談，將該意象視為真實的存在。「你是誰？」可以是我們對意象開口問的第一個問題，從收到的答覆中蒐集無意識資訊，同時也給予我們的答覆。擴大對話可以讓「觀察者」獲得線索，以便在情結、原型和意象的交織中找到方向。這個步驟的時間不宜過長，剛開始最多以十分鐘為限，因為積極想像需要情緒上大量投入。對話時間也需要謹慎掌控勿作拖延，因為對話有可能觸動我們的意識，讓意識超越想像者心理平衡的那條界線。

4. 一旦將想像者與浮現的第一個無意識意象間對話寫下來，「觀察者」就可以決定對這個想像經驗做點什麼。第四個階段要界定的是我們的自由空間，以及我們的責任空間。我們可以決定要不要遵循無意識的指

示，即便我們知道面對的是令人不安的無意識內容。
這是積極想像方法最後一個階段的挑戰：評估收到的
資訊，做出有責任的選擇，無論結果如何都去面對。
榮格曾提醒過，常常會犯的錯誤是跟「假的我」而非
「真的我」做積極想像，也就是沒有認真對待正在發
生的事，「戲弄」無意識心靈，沒有體認內在意象的
完整真實心靈。[9] 如何負責地處理令人不安的無意識
意象，榮格在《榮格自傳：回憶，夢，省思》想起自
己面對上帝意象時的困境，以及觀察巴塞爾大教堂的
場景：「我看著眼前的大教堂和蔚藍天空，上帝坐在
那金色的寶座上，高踞世界之上，寶座下掉出一塊巨
大的糞便，落在發亮的全新大教堂屋頂上，大教堂的
牆壁都給砸破了。」[10] 鼓起勇氣面對這個令人不安的
意象，讓榮格對心靈意象的本質得到真正的啟示。

　　如前所述，積極想像方法的四個步驟，以及透過「觀
察者」身份讓我與自性面質的過程，都可以因為使用積極深
層書寫而變得更容易，這個技巧的目的一方面有助於我的運
作，另一方面是以創意方式面對童話、神話、傳奇的原型素
材等等源自於文化的無意識意象。
　　接下來再進一步說明積極深層書寫究竟是怎麼回事。
　　積極深層書寫的理論依據，是榮格在〈超越功能〉和

　　　　　　　　積極想像：與無意識對話，活得更自在

《榮格自傳：回憶，夢，省思》所言，積極面對我和自性之必要性不相上下，而且要有對自己的書寫負全部責任此一認知：

（……）要在無意識面前撐起我，視其為等值的事實，反之亦然。這麼說是一個必要的提醒：因為文明人的意識會對無意識起限制性作用，而被認可的無意識往往對我產生危險的影響。（……）危險之處在於我會「不知所措」，再也無法捍衛自身存在免於受到情緒因素的壓迫。[11]

如果只理解了意象的一點皮毛，就認為那是意象的全部涵義，是極大的錯誤。如果一個人不把他的知識轉化為倫理上的責任，會淪落為權力原則的犧牲品，導致種種毀滅性的後果，不僅摧毀了別人，也摧毀他自己。無意識意象加諸於人身上的責任何其重大，對此不理解或缺乏倫理責任，將剝奪那個人的整體存在，有些個體的生活會因此而支離破碎。[12]

積極深層書寫技巧有兩個可能性，第一個是雙重客體化，目的是與我及其風格保持距離，讓它們透過書寫文字被

看見，而觀察者能夠協助發揮更佳運作。在這個情況下，積極深層書寫是積極「作用」於我及其意識和無意識的內容，以決定採取怎樣的立場來面對。第二個可能性是原型書寫，目的是讓個人體驗童話、傳奇、神話的非個人母題，以第一人身分積極進入那些故事裡，改變部分情節。這第二個書寫模式跟第一個不同之處在於文化面向、非個人的自性範疇。某些處理手法，例如書寫時將時態設定為遠過去式，定位在「很久很久以前」的神話時間裡，讓省思意識保持安全距離，減少受原型迷惑的風險。

可想而知，透過雙重客體化及原型書寫模式，觀察者可以有意識的對我—自性有所行動，變成一種橋梁，讓超越功能顯現，對正在發生的事負起倫理上的責任。

1. 雙重客體化

我在〈意象練習：在多元文化及變遷社會中的希爾曼理論臨床分析與意義〉一文中寫道，雙重客體化是心理分析師請做了夢、做了積極想像或有自發意象浮現的個案寫下個人經驗，書寫時用第一人稱，時間是現在式，也就是用「我」這個人稱代名詞做直接陳述。用這個模式寫完心理素材後，分析師請病患將同樣內容再寫一次，但是這一次要用間接方式陳述，使用「他／她」第三人稱代名詞。[13] 採取雙重措施與文本保持距離（第一次是第一人稱書寫，第二次則變成第

三人稱書寫）讓個案以觀察者身分觀看自身的我如何運作，同時保持最佳的情緒和認知距離觀看自身的自我風格，創造出負責、積極之轉化的可能性。

案例如下。

第一個客體化。採直述形式。

個案在診療時陳述了她的夢境。書寫下來的文字採第一人稱，時態是現在式：「我跟我丈夫在家。我丈夫跟我說他要去搶超市，因為我們沒有錢了。我不相信我們家的經濟情況糟到這個地步，但我還是被他說服了。我們去了超市，我丈夫去收銀台那裡，我到了甜食區在貨架間走來走去，拿了一些東西，我忽然抬頭，發現超市沒有天花板，住在那棟大樓樓上的人正在看我們。我知道我們完蛋了，我很生氣地跑向我丈夫，對他大吼說他是一個不負責任的傢伙。」

第二個客體化。採間接陳述形式。

書寫下來的文字採第三人稱，時態是現在式：「一名年輕女子跟她丈夫在家。她丈夫跟她說他要去搶超市，因為他們沒有錢了。那名女子不相信他們家的經濟情況糟到這個地步，但還是被丈夫說服了。他們倆夫妻去了超市，丈夫去收銀台那裡，她到了甜食區在貨架間走來走去，拿了一些東西，她忽然抬頭，發現超市沒有天花板，住在那棟大樓樓上

的人正在看他們。女子知道他們完蛋了，很生氣地跑向她丈夫，對他大吼說他是一個不負責任的傢伙。」

顯而易見的是，第三人稱的陳述立刻拉開了觀察者跟我之間的距離，凸顯了自我的風格與行為。如此一來就可以介入我的特質，以有自覺的積極選擇改善其運作。因為間接陳述形式，個案可以意識到自身的被動狀態、不成熟的態度進而改變風格。並發現自己的道德感過於仰賴外界評斷，決定變得更積極、更獨立。

透過客體化書寫看見的材料還可以進一步做分析。

2. 原型書寫

雙重客體化目的是在面對我的時候創造出省思空間，原型書寫的目的則在於給予個案以個人立場處理原型議題的機會，把自己變成這些非個人故事的主角之一，積極改變部分情節。原型書寫會刺激病患的想像力，增加找到解決非個人問題的創意方案的機會，否則這些問題恐怕永遠無法碰觸。原型書寫會讓病患再度寫下故事，但是使用遠過去式，故事開頭是「很久很久以前」。這個時間—空間距離讓想像者處於安全狀態，不受童話迷惑，讓想像者面對原型素材時能夠找到屬於個人的創意答案。

案例如下。

法國童話作家夏爾・佩羅（Charles Perrault）的《小仙女》（*Les Fées*）。[14]

《小仙女》是一名壞脾氣的寡婦和她兩個女兒芳妮和羅莎的故事。芳妮跟母親一樣高傲蠻橫，羅莎則像父親，個性溫柔又有同情心。寡婦和女兒芳妮都很嫉妒羅莎，對她百般虐待。故事說到兩姊妹在森林裡遇到了一名仙女，因為表現大相逕庭，因而有了截然不同的命運。羅莎對仙女很客氣有禮，收到的禮物是每次開口說話，就會吐出鑽石或花。芳妮因為對仙女粗魯無禮，收到的禮物是每次開口說話，就會吐出癩蛤蟆或蛇。故事最後是寡婦將羅莎趕了出去，她在森林裡遇到王子後嫁給了他。後來寡婦把芳妮也趕出家門，芳妮死在森林裡。

看完這個童話故事，病患選擇重寫最後一部分，把自己當成羅莎。改寫後的故事結尾如下：「很久很久以前，我跟我的王子過著幸福的日子，但是在我腦海裡始終有一個念頭揮之不去。只要想到我的母親一個人孤單難過，我就不可能真的快樂。我並不想報復她，我派皇家信使去找她，想把她帶到皇宮來，她不肯，信使逼她動身。我母親來到皇宮後，仍然對我惡言相向。我在森林裡遇見的那個仙女已經成為我的教母，她建議我命令我母親在白天的時候去做最低賤的工作，晚上放她休息，如此一來我母親就能體會好與壞之間的差別。我照教母的建議去做，我母親漸漸意識到不同，學會

了愛比恨更好。從那一天起,我母親開始善待我和其他人,直到有一天她在安詳中過世。」

　　關於原型書寫,我想轉述香港國際分析心理學會一位會員的意見回饋,說明對她而言這個經驗有何意義:「我要說的是我非常喜歡原型書寫。就像參與了一齣戲,因為我們化身為童話故事中的角色,而為了能夠做到這一點,我們必須看進他們的內心深處。而原型書寫又不僅僅是角色扮演,因為在我們做出選擇,在扮演某個角色的時候,我知道我投入了我自己的情感,我感受的不是別人的情感,所以我呈現的不是他人的情感,而是我自己的。整個過程也別具象徵意義,可以藉以詮釋我的演出,因為吸引我的那個角色是某個與我有關的深層意義的媒介,而我投射在那個角色上所生出的豐富材料可以再做進一步詮釋,讓原型書寫過程更深層,也更具意義。」[15]

　　跟之前的雙重客體化一樣,透過原型書寫得到的材料也可以在診療時做進一步研究。

　　由這些案例我們知道,積極深層書寫讓想像者熟悉書寫,系統地讓書寫成為心理分析師可以運用的一個工具。之前說過,積極想像書寫有助於分辨我和自性,透過「觀察者」身分跟它們建立積極的覺知關係。我、源自於自性的意象和「觀察者」之間的動能界定了一個心靈場域,也是積極

　　　　積極想像:與無意識對話,活得更自在 ┤

想像實務的框架。因此我建議大家嘗試積極深層書寫，以便熟悉這些動能，並能夠自在地在它們之間游走，為下一次積極想像實務做準備。

說明至此，希望我完整呈現了積極想像實務如何操作，以及如何有系統地在心理分析中運用此一書寫技巧。我預祝所有中文讀者都勇於挑戰自我，開心、有自信地面對無意識意象，親身體驗有指向性的積極對話，心智澄明地面對深層心靈，讓我們保持更好的生活日常狀態，讓個體之旅更有趣，也更有創意。

祝大家工作順利！

註釋

1　原註：提巴迪（等合著），《跨文化認同：榮格學人在香港》（*Transcultural Identities. Jungians in Hong Kong*），Artemide Edizioni 出版社，羅馬，2016 年。

2　原註：同上，p. 21。

3　原註：參見榮格，〈超越功能〉，收錄於《榮格全集》，第 8 卷，Boringhieri 出版社，都靈，1976 年。

4　原註：榮格，《榮格自傳：回憶，夢，省思》（阿尼拉・傑菲主編），Rizzoli 出版社，米蘭，p. 237。

5　原註：參見喬・卡巴金（J.Kabat-Zinn），《你所經之處已經有你》（*Ovunque tu vada ci sei già*），Tea 出版社，米蘭，2006 年。

6　原註：榮格，〈超越功能〉（Transcendent function），《榮格全集》，第 8 卷，p. 97。

7　原註：同上，p.99。

8　原註：同上。

9　原註：瑪塔・提巴迪，〈榮格探索無意識：積極想像發的自傳性描述〉（Jung a confronto con l'inconscio. Una descrizione autobiografica del metodo dell'immaginazione attiva），收錄於《榮格研究期刊》（*Studi Junghiani*），2/1995，pp. 141-159。

10　原註：榮格，《榮格自傳：回憶，夢，省思》，p. 68。

11　原註：榮格，〈超越功能〉，收錄於《榮格全集》，第 8 卷，Boringhieri 出版社，都靈，1976 年。

12　原註：榮格，《榮格自傳：回憶，夢，省思》（阿尼拉·傑菲主編），Rizzoli 出版社，米蘭，p. 237。

13　原註：提巴迪，〈意象練習：在多元文化及變遷社會中的希爾曼理論臨床分析與意義〉（Practicing Images. Clinical Implications of James Hillman's Theory in a Multicultural and in a Changing World），收錄於 *Analytical Psychology in a Changing World. The Search for Self, Identity and Community*，L. Huskinson – M. Stein 主編，Routledge 出版社，倫敦、紐約，2015 年，p. 153。

14　原註：夏爾·佩羅，《童話故事全集》（*Tutte le fiabe*），Donzelli 出版社，羅馬，2011 年。

15　原註：參見 T. Chan, "The Swallow Song"，收錄於提巴迪（等人合著），《跨文化認同：榮格學人在香港》（*Transcultural Identities. Jungians in Hong Kong*），p. 44。

參考書目

AA.VV., *Alchimie della formazione analitica* (a cura di Cerbo G.M., Palliçcia D., Sassone A.M.),Vivarium, Milano 2004.

AA.VV., *Genitori e figli. Conoscere per avvicinarsi*, Edizioni Universitarie Romane, Roma 2001.

AA.VV., *Immaginazione attiva* (a cura di De Luca Comandini F., Mercurio R.),Vivarium, Milano 2002.

Ambrosi E., *Inconscio ladro! Malefatte degli psicanalisti*, La Lepre, Roma 2010.

Balbo M. (a cura di), *EMDR: uno strumento di dialogo tra le psicoterapie*, McGraw-Hill, Milano 2006.

Barcaro U., *Presentazione dell'edizione italiana* di De Cicco T., *La bussola dei sogni. Per non perdere la rotta nel mare della vita*, Franco Angeli, Roma 2010.

Bateson G., *Verso un'ecologia della mente*, Adelphi, Milano 1976.

Bellantuono C., Nardi B., Mircoli G., Santone G., *Manuale essenziale di psichiatria*, Il Pensiero Scientifico Editore, Roma 2009.

Buber M., *Il cammino dell'uomo*, Edizioni Qiqajon, Monastero di Bose, Magnano (BI) 1990.

Carotenuto A. (a cura di), *Trattato di Psicologia Analitica*, Utet, Torino 1992.

Chiaramonte G., "Oltre il cancro. Si può affrontare creativamente la malattia?", in *www.fattitaliani.it*.

Conforti M., *Il codice innato*, Magi, Roma 2005.

Damasio A.R., *Alla ricerca di Spinoza. Emozioni, sentimenti e cervello*, Adelphi, Milano 2003.

Damasio A.R., *Emozioni e coscienza*, Adelphi, Milano 2000.

Damasio A.R., *L'errore di Cartesio. Emozione, ragione, cervello*, Adelphi, Roma 1995.

De Luca Comandini F., *L'immaginazione attiva*, in *Trattato di Psicologia Analitica* (a cura di Carotenuto A.), Utet, Torino 1992.

De Zulueta F., *Dal dolore alla violenza. Le origini traumatiche dell'aggressività*, Cortina, Milano 1999.

De Cicco T., *La bussola dei sogni. Per non perdere la rotta nel mare della vita*, Franco Angeli, Roma 2010.

Demetrio D., Borgonovi C. (a cura di), *Scrittura e terapia, Adultità*, n. 27, Guerini, Milano 2007.

Donfrancesco F. (a cura di), *Per nascosti sentieri*, Anima, Moretti & Vitali, Bergamo 2001.

Donfrancesco F. (a cura di), *Un oscuro impulso interiore*, Anima, Moretti & Vitali, Bergamo 1999.

Drewermann E., *Funzionari di Dio. Psicogramma di un ideale*, Raetia, Bolzano 1995.

Dworkin M., *La relazione terapeutica nel trattamento EMDR*, Cortina, Milano 2010.

Fofana A., *La luna che mi seguiva*, Einaudi, Torino 2006.

Forest P., *Anche se avessi torto. Storia di un sacrificio*, Alet, Padova 2010.

Ginori A., "Intervista a Edgar Morin", in *La Repubblica*, 2 gennaio 2011.

Grimm J. e W., *Fiabe. Scelte e presentate da Italo Calvino*, Einaudi, Torino 1979.

Guggenbühl-Craig A., *Matrimonio. Vivi o morti*, Moretti & Vitali, Bergamo 2000.

Guggenbühl-Craig A., *Al di sopra del malato e della malattia. Il potere "assoluto" del terapeuta*, Cortina, Milano 1987.

Guggenbühl-Craig A., *Deserti dell'anima*, Moretti & Vitali, Bergamo 2000.

Hillman J., *Animali del sogno*, Cortina, Milano 1991.

Hillman J., *Fuochi blu* (a cura di Moore T.), Adelphi, Milano 1996.

Hillman J., *Il codice dell'anima*, Adelphi, Milano 1997.

Hillman J., *Re-visione della psicologia*, Adelphi, Milano 2000.

Hillman J., *Il sogno e il mondo infero*, Edizioni di Comunità, Milano 1984.

Hillman J., *Anima. Anatomia di una nozione personificata*, Adelphi, Milano 1989.

Innocenzi R., *Immaginazione attiva*, Melusina, Roma 1991.

Jodorowsky A., *Psicomagia. Una terapia panica*, Feltrinelli, Milano 2001.

Jung C.G., *Briefe* (a cura di Jaffé A.), vol. I (1906-1945), Walter Verlag, Olten u. Freiburg, 1972; trad. it. *Lettere*, Magi, Roma 2006.

Jung C.G., *Coscienza, inconscio e individuazione*, in *Opere*, vol. 9*, Boringhieri, Torino 1980.

Jung C.G., *Fondamenti della psicologia analitica*, in *Opere*, vol. 15, Bollati Boringhieri, Torino 1991.

Jung C.G., *I problemi della psicoterapia moderna*, in *Opere*, vol. 13, Boringhieri, Torino 1973.

Jung C.G., *Il libro rosso*, Bollati Boringhieri, Torino 2011.

Jung C.G., *Introduzione all'inconscio*, in von Franz M.-L., Henderson J., Jacobi J., *L'uomo e i suoi simboli*, Longanesi, Milano 1980.

Jung C.G., *Jung parla. Interviste e incontri* (a cura di McGuire W., Hull R.F.C.), Adelphi, Milano 1995.

Jung C.G., *L'Io e l'inconscio*, in *Opere*, vol. 7, Boringhieri, Torino 1983.

Jung C.G., *Mysterium Coniunctionis*, in *Opere*, vol. 14, Bollati Boringhieri, Torino 1990.

Jung C.G., *Psicologia e arte poetica*, in *Opere*, vol. 10*, Boringhieri, Torino 1985.

Jung C.G., *Ricordi, sogni, riflessioni di C.G.Jung* (a cura di Jaffé A.), Rizzoli, Milano 1978.

Jung C.G., *Sul rinascere*, in *Opere*, vol. 9*, Boringhieri, Torino 1980.

Jung C.G., *Sviluppo ed educazione del bambino*, in *Opere*, vol. 17, Bollati Boringhieri, Torino 1991.

Jung C.G., *Tipi psicologici*, in *Opere*, vol. 6, Boringhieri, Torino 1969.

Jung C.G., *Visioni. Appunti del Seminario tenuto negli anni 1930-1934* (a cura di Douglas C.), Magi, Roma 2004.

Jung C.G., von Franz M.-L., Henderson J., Jacobi J., Jaffé A., *L'uomo e i suoi simboli*, Longanesi, Milano 1980.

Kahlsched D., *Il mondo interiore del trauma*, Moretti & Vitali, Bergamo 2001.

La Barbera D., Guarneri M., Ferrari L. (a cura di), *Il disagio psichico nella post-modernità*, Magi, Roma 2010.

Larsen S., *L'immaginazione mitica*, Il Saggiatore, Milano 2001.

Le Doux J., *Il cervello emotivo. Alle origini delle emozioni*, Baldini & Castoldi, Milano 1998.

McCann I., Colletti J.J., *The Dance of Empathy: A hermeneutic Formulation of Countertransference, Empathy and Understanding in the Treatment of Individuals who have experienced early Childhood Trauma*, in Wilson J. P., Lindy J. D. (eds.) *Countertransference in the Treatment of PTSD*, The Guolford Press, New York and London 1994.

McGuire W., Hull R.F.C. (a cura di), *Jung parla. Interviste e incontri*, Adelphi, Milano 1995.

Merciai S., Cannella B., *La psicoanalisi nelle terre di confine. Tra psiche e cervello*, Cortina, Milano 2009.

Meyer C. (a cura di), *Il libro nero della psicoanalisi*, Fazi, Roma 2006.

Mondo R., Turinese L. (a cura di), *Caro Hillman… venticinque scambi epistolari con James Hillman*, Bollati Boringhieri, Torino 2004.

Montagu A., *Il buon selvaggio. Educare alla non aggressività*, Eleuthera, Milano 1999.

Montagu A., *Saremo bambini*, Red, Como 1992.

Moore T., *Il lato oscuro dell'Eros*, Lyra Libri, Como 1998.

Moscati A., *Deliri*, Nottetempo, Roma 2009.

Nissim G., *La bontà insensata. Il segreto degli uomini giusti*, Mondadori, Milano 2011.

Ogden P., *Trauma and the Body. A sensorimotor Approach to Psychotherapy*, W.W. Norton & Company, New York and London 2006.

Ogden T.H., *L'arte della psicoanalisi. Sognare sogni non sognati*, Cortina, Milano 2008.

Ogden T.H., *Riscoprire la psicoanalisi. Pensare e sognare, imparare e dimenticare*, CIS, Milano 2009.

Onfray M., *Le crépuscule d'un idole: l'affabulation freudienne*, Grasset 2010; trad. it. *Crepuscolo di un idolo. Smontare le favole freudiane*, Ponte alle Grazie, Milano 2011.

Pallaro P. (ed.), *Authentic Movement. Essays by Mary Starks Whitehouse, Janet Adler and Joan Chodorow*, Jessica Kingsley Publishers, London 2007.

Panksepp J., *Affective Neuroscience. The Foundation of human and animal Emotions*, Oxford University Press, New York 1998.

Papadopoulos R.K. (a cura di), *Manuale di psicologia junghiana. Orientamenti contemporanei. Teoria, pratica, applicazioni*, Moretti & Vitali, Bergamo 2009.

Pattis Zoja E., *Curare con la sabbia. Una proposta terapeutica in situazioni di abbandono e violenza*, Moretti & Vitali, Bergamo 2011.

Pausch R., *The last Lecture*, Hodder & Stoughton, London 2008; trad. it. *L'ultima lezione. La vita spiegata da un uomo che muore*, Rizzoli, Milano 2008.

Perrotta L., Gasseau M., *Prefazione* a Schützenberger A.A., *Il piacere di vivere*, Di Renzo, Roma 2010.

Phillips A., *Sul bacio, il solletico e la noia*, Ponte alla Grazie, Milano 2011.

Platone, *Teeteto*, Laterza, Bari-Roma 2006.

Ramos D., *The Psyche of the Body. A Jungian Approach to Psychosomatics*, Brunner-Routledge, New York 2004.

Ravasi Bellocchio L., *Come il destino. Lo sguardo della fiaba sull'esperienza autistica*, Cortina, Milano 1999.

Recalcati M., *L'uomo senza inconscio. Figure della nuova clinica psicoanalitica*, Cortina, Milano 2010.

Russack N., *Animali guida*, Moretti & Vitali, Bergamo 2003.

Samuels A., Shorter B., Plaut F., *Dizionario di psicologia analitica*, Cortina, Milano 1987.

Saviano R., *Gomorra*, Mondadori, Milano 2006.

Schore A.N., *La regolazione degli affetti e la riparazione del Sé*, Astrolabio, Roma 2008.

Schützenberger A.A., *Il piacere di vivere*, Di Renzo, Roma 2010.

Sedwick D., *Il guaritore ferito*, Vivarium, Milano 2001.

Shapiro F., *EMDR. Desensibilizzazione e rielaborazione attraverso movimenti oculari* (a cura di Fernandez I.), McGraw-Hill, Milano 2000.

Shapiro F., Silk Forrest M., *EMDR. Una terapia innovative per l'ansia, lo stress e i disturbi di origine traumatica*, Astrolabio, Roma 1998.

Siegel D.J., *Mindsight. La nuova scienza della trasformazione personale*, Cortina, Milano 2011.

Simon H., Zatta D., *Aforismi per il manager. Le migliori citazioni per ogni occasione*, Hoepli, Milano 2011.

Sironi F., *Violenze collettive. Saggio di psicoanalisi geopolitica clinica*, Feltrinelli, Milano 2007.

Speziale-Bagliacca, *Introduzione* a Schore A.N., *La regolazione degli affetti e la riparazione del Sé*, Astrolabio, Roma 2008.

Stein M., *Il principio di individuazione. Verso lo sviluppo della coscienza umana*, Moretti & Vitali, Bergamo 2010.

Stein M., *L'individuazione*, in Papadopoulos R.K. (a cura di), *Manuale di psicologia junghiana. Orientamenti contemporanei. Teoria, pratica, applicazioni*, Moretti & Vitali, Bergamo 2009.

Stevens A., *The Two-Million-Years-Old-Self*, Texas A6M University Press, College Station 1993.

Stopa L. (ed.), *Imagery and the Threatened Self. Perspectives on mental Imagery and the Self in cognitive Therapy*, Routledge, Hove, East Sussex 2009.

Stroppa C., *La luce oltre la porta. Dèi e muse nel teatro dell'anima*, Moretti & Vitali, Bergamo 2007.

Stroppa C., *Il satiro e la luna blu. Nel cuore visionario dell'immaginazione*, Moretti & Vitali, Bergamo 2010.

Terzani T., *L'ultimo giro di giostra. Viaggio nel bene e nel male del nostro tempo*, Longanesi, Milano 2007.

Tibaldi M., *A proposito del "fare analisi"*, Postfazione a Ambrosi E., *Inconscio ladro! Malefatte degli psicanalisti*, La Lepre, Roma 2010.

Tibaldi M., "Jung a confronto con l'inconscio. Una descrizione autobiografica del metodo dell'immaginazione attiva", in *Studi Junghiani*, 2/1995.

Tibaldi M., *Come iniziare il confronto con le immagini inconsce. Due esempi di immaginazione attiva*, in AA.VV., *Immaginazione attiva* (a cura di De Luca Comandini F., Mercurio R.), Vivarium, Milano 2002.

Tibaldi M., *Doppia oggettivazione e creazione dell'Io immaginale*, in AA.VV., *Alchimie della formazione analitica* (a cura di Cerbo G.M., Palliccia D., Sassone A.M.), Vivarium, Milano 2004.

Tibaldi M., *In forma narrativa. Scrittura autobiografica dell'anima*, in Donfrancesco F., (a cura di), *Un oscuro impulso interiore*, Anima, Moretti & Vitali, Bergamo 1999.

Tibaldi M., *Introduzione* a Guggenbühl-Craig A., *Matrimonio. Vivi o morti*, Moretti & Vitali, Bergamo 2000.

Tibaldi M., *L'intero universo è un'unica perla brillante. Un approccio junghiano alla scrittura autobiografica del profondo nell'esperienza oncologica*, in Demetrio D., Borgonovi C. (a cura di), *Scrittura e terapia*, Adultità, n. 27, Guerini, Milano 2007.

Tibaldi M., *La passione narrativa. Appunti per una cura immaginale*, in Donfrancesco F. (a cura di), *Per nascosti sentieri*, Anima, Moretti & Vitali, Bergamo 2001.

Tibaldi M., *La théorie, c'est bon, mais ca n'empêche pas d'éxister*, in *Realtà e surrealtà*, IV Seminario residenziale dell'Associazione Italiana di Psicologia analitica, Ischia 4-7 ottobre 1990.

Tibaldi M., *Le parole che curano: il potere archetipico del linguaggio*, in Mondo R., Torinese R. (a cura di), *Caro Hillman... venticinque scambi epistolari con James Hillman*, Bollati Boringhieri, Torino 2004.

Tibaldi M., *Oltre il cancro. Trasformare creativamente la malattia che temiamo di più*, Moretti & Vitali, Bergamo 2010.

Tibaldi M., "Psicologia analitica, esperienza della scrittura e conoscenza di sé", in *Rivista di Psicologia Analitica*, 52/1995.

Tibaldi M., *Raping the Soul. An Experience of active Imagination*, in *Destruction and Creation: personal and cultural Transformations*, *Proceedings of the Fourteenth International Congress for Analytical Psychology* (ed. by Mattoon M.A.), Daimon Verlag, Einsiedeln, Switzerland 1999.

Tibaldi M., *Sintomi e immagini*, in AA.VV., *Genitori e figli. Conoscere per avvicinarsi*, Edizioni Universitarie Romane, Roma 2001.

Tibaldi M., *Un processo creativo di nuove sintesi: EMDR e analisi junghiana*, in Balbo M. (a cura di), *EMDR: uno strumento di dialogo tra le psicoterapie*, McGraw-Hill, Milano 2006.

Tibaldi M., *With Heart and in Facts, Proceedings of the Fifteenth International Congress for Analytical Psychology*, Daimon Verlag, Einsiedeln, Switzerland 2003.

Veronesi S., *XY*, Fandango Libri, Roma 2010.

Vocabolario della Lingua Italiana, Istituto dell'Enciclopedia Italiana Treccani, Roma 1986.

von Franz M.-L., Boa F., *Il mondo dei sogni*, Red, Novara 2003.

von Franz M.-L., Henderson J., Jacobi J., *L'uomo e i suoi simboli*, Longanesi, Milano 1980.

von Franz M.-L., "L'immaginazione attiva", in *Rivista di Psicologia Analitica*, 17/1978.

Westen D., *La mente politica*, Il Saggiatore, Milano 2008.

Wilson J.P., Lindy J.D. (eds.), *Countertransference in the Treatment of PTSD*, The Guolford Press, New York and London 1994.

中文版新增參考書目

Badiou, A., *La vita vera*, Ponte alle Grazie, Milano 2016

Chan, T., "The Swallow Song", in Tibaldi, M. – Chan, T. – Chiu, M. – Lee, M. – Tam, B. – Wong, E.T., *Transcultural identities. Jungians in Hong Kong*, ArtemideEdizioni, Roma 2016

Crowther, C. – Wiener, J., *From Tradition to Innovation. Jungian Analysts Working in Different Cultural Settings*, Spring Journal Books, New Orleans 2015

De Saint–Exupery, A., *Il piccolo principe*, Bompiani, Torino 2015

Jullien, F., *Strategie di senso in Cina e in Grecia*, Booklet Editore, Milano 2004

Jullien, F., *Essere o vivere. Il pensiero occidentale e il pensiero cinese in venti contrasti*, Feltrinelli, Milano 2016

Jung, C.G. (1939), "Prefazione a T.D. Suzuki, 'La grande liberazione'", in *Opere*, vol. 11, Boringhieri, Torino 1979

Jung, C.G. "La funzione trascendente", in *Opere*, vol. 8, Boringhieri, Torino 1976, pp. 79–106

Kabat–Zinn, J., *Ovunque tu vada ci sei già*, Bompiani, Milano 2005

Nisbett, R., *The Geography of Thought. How Asian and Westerners Think Differently…and Why*, Free Press, New York – London – Toronto – Sydney 2003

Perrault, Ch., *Tutte le fiabe*, Donzelli, Roma 2011

Popper, K, *Cattiva maestra televisione*, Marsilio, Venezia 2002

Tibaldi, M. – Chan, T. – Chiu, M. – Lee, M. – Tam, B. – Wong, E.T., *Transcultural identities. Jungians in Hong Kong*, ArtemideEdizioni, Roma 2016

Tibaldi, M., "Active Deep Writing", in *Proceedings of the XX International Congress of Analytical Psychology* –Kyoto 2016

Tibaldi, M., "Practicing Images. Clinical implications of James Hillman's Theory in a Multicultural and in a Changing World", in Huskinson, L. – Stein, M. (a cura di), *Analytical Psychology in a Changing World. The Search for Self, Identity and Community*, Routledge, London and New York, 2015

Tibaldi, M., "Scrittura attiva profonda – *Active Deep Writing*", in *L'Ombra–Dopo il libro rosso*, Moretti & Vitali 2016 Tibaldi, M., "The small Mother Complex and the royal Feminine" in Rasche, J. – Singer, T. (a cura di), *Europe's Many Souls. Exploring Cultural Complexes and Identities*, Spring Journal Books, New Orleans 2016, pp. 321–338

PsychoAlchemy 014

積極想像：與無意識對話，活得更自在
Pratica dell'Immaginazione Attiva: Dialogare con l'inconscio e vivere meglio
作者：瑪塔·提巴迪（Marta Tibaldi） 譯者：倪安宇

出版者—心靈工坊文化事業股份有限公司
發行人—王浩威　總編輯—徐嘉俊
責任編輯—徐嘉俊、黃心宜
通訊地址—10684台北市大安區信義路四段53巷8號2樓
郵政劃撥—19546215　戶名—心靈工坊文化事業股份有限公司
電話—02）2702-9186　傳真—02）2702-9286
Email—service@psygarden.com.tw　網址—www.psygarden.com.tw
印刷—中茂製版分色印刷事業股份有限公司
總經銷—大和書報圖書股份有限公司
電話—02）8990-2588　傳真—02）2990-1658
通訊地址—248新北市新莊區五工五路二號
初版一刷—2017年6月　初版三刷—2023年9月
ISBN—978-986-357-094-3　定價—380元

Pratica dell'Immaginazione Attiva.
Dialogare con l'inconscio e vivere meglio
Copyright © by La Lepre Edisioni
Complex Chinese Edition Copyright 2017 by Psygarden Publishing Company
ALL RIGHT RESERVED

國家圖書館出版品預行編目資料

積極想像：與無意識對話,活得更自在 / 瑪塔·提巴迪(Marta Tibaldi)著；
　倪安宇譯. -- 初版. -- 臺北市：心靈工坊文化, 2017.06
　　面；　公分. -- (PsychoAlchemy ; 14)
　譯自：Pratica dell'immaginazione attiva :
　　　　dialogare con l'inconscio e vivere meglio
　ISBN 978-986-357-094-3(平裝)

　1.榮格(Jung, C. G.(Carl Gustav), 1875-1961)　2.學術思想　3.分析心理學

170.189　　　　　　　　　　　　　　　　　　　　　　　　　106009292

心靈工坊 PsyGarden 書香家族 讀 友 卡

感謝您購買心靈工坊的叢書，為了加強對您的服務，請您詳填本卡，
直接投入郵筒（免貼郵票）或傳真，我們會珍視您的意見，
並提供您最新的活動訊息，共同以書會友，追求身心靈的創意與成長。

書系編號—PA 014　　　　　書名—積極想像：與無意識對話，活得更自在

姓名　　　　　　　　　　　是否已加入書香家族？ □是 □現在加入

電話 (O)　　　　(H)　　　　　　手機

E-mail　　　　生日　年　　月　　日

地址 □□□

服務機構　　　　　職稱

您的性別—□1.女 □2.男 □3.其他

婚姻狀況—□1.未婚 □2.已婚 □3.離婚 □4.不婚 □5.同志 □6.喪偶 □7.分居

請問您如何得知這本書？
□1.書店 □2.報章雜誌 □3.廣播電視 □4.親友推介 □5.心靈工坊書訊
□6.廣告DM □7.心靈工坊網站 □8.其他網路媒體 □9.其他

您購買本書的方式？
□1.書店 □2.劃撥郵購 □3.團體訂購 □4.網路訂購 □5.其他

您對本書的意見？
□ 封面設計　1.須再改進 2.尚可 3.滿意 4.非常滿意
□ 版面編排　1.須再改進 2.尚可 3.滿意 4.非常滿意
□ 內容　　　1.須再改進 2.尚可 3.滿意 4.非常滿意
□ 文筆／翻譯 1.須再改進 2.尚可 3.滿意 4.非常滿意
□ 價格　　　1.須再改進 2.尚可 3.滿意 4.非常滿意

您對我們有何建議？

□本人同意　　　　　（請簽名）提供（真實姓名/E-mail/地址/電話/年齡/
等資料），以作為心靈工坊（聯絡/寄貨/加入會員/行銷/會員折扣/等之用，
詳細內容請參閱http://shop.psygarden.com.tw/member_register.asp。

廣　告　回　信
台北郵政登記證
台北廣字第1143號
免　貼　郵　票

10684台北市信義路四段53巷8號2樓
讀者服務組　收

免　　貼　　郵　　票

（對折線）

加入心靈工坊書香家族會員
共享知識的盛宴，成長的喜悅

請寄回這張回函卡（免貼郵票），
您就成為心靈工坊的書香家族會員，您將可以——

⊙隨時收到新書出版和活動訊息

⊙獲得各項回饋和優惠方案